BARACK OBAMA

EN SUS PROPIAS PALABRAS

BARACK OBAMA

EN SUS PROPIAS PALABRAS

COMPILACIÓN DE LISA ROGAK

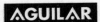

AGUILAR

Barack Obama en sus propias palabras
D. R. © Lisa Rogak, 2009 (por la compilación)
Título original: *Barack Obama in his Own Words,* publicado por JR Books, Londres

© De esta edición:
D. R. © Santillana Ediciones Generales, S. A. de C. V., 2012.
  Av. Río Mixcoac No. 274, Col. Acacias
  C. P. 03240, México, D. F.
  Teléfono (52 55) 54 20 75 30

Traducción y corrección, diseño de portada y de interiores: *Caputo Consultores & Asociados*

Hipólito Yrigoyen 820, p. 1, of. E
C1086AAN Buenos Aires, Argentina

Primera edición: noviembre de 2012
Primera reimpresión: noviembre de 2012

ISBN: 978-607-11-2207-0

Impreso en México

PRISA EDICIONES

Información sobre la compiladora

Entre sus cuarenta libros publicados, Lisa Rogak ya ha editado dos colecciones de citas de candentes posibles candidatos presidenciales: *In His Own Words: Colin Powell* [En sus palabras: Colin Powell] (Perigee, 1995), que alcanzó la lista Roja y Negra del *Publishers Weekly* en 1995, y *Howard Dean In His Own Words* [Howard Dean en sus palabras] (St. Martin's, 2003), que alcanzó la Lista Amplia de BookSense/Libros de No Ficción en Tapa Blanda de la NEBA (New England Booksellers Association [Asociación de Libreros de Nueva Inglaterra]) en enero de 2004.

Sus obras han sido reseñadas o mencionadas en el *Wall Street Journal, Parade Magazine, USA Today, Family Circle*, y muchas otras publicaciones. Apareció en *The Oprah Winfrey Show* como invitada especial en un programa sobre pueblos pequeños, para promocionar su libro *Moving to the Country Once and For All* [Mudarse al campo de una vez y para siempre].

Rogak publicó *Haunted Heart: The Life & Times of Stephen King* [Corazón embrujado: La vida y la época de Stephen King], que apareció en Estados Unidos por Thomas Dunne/St. Martin's Press en el otoño de 2008, y en el Reino Unido por JR Books. Los derechos de traducción de ese libro ya han sido vendidos para varios idiomas.

Otros de sus libros son, *A Boy Named Shel: The Life of Shel Silverstein* [Un niño llamado Shel: La vida de Shel Silverstein], la primera biografía del autor de *best sellers* para niños, publicado en Estados Unidos por Thomas Dunne/St. Martin's Press el otoño de 2007, y *The Man Behind The DaVinci Code: An Unauthorized Biography of Dan Brown* [El hombre detrás de

El código DaVinci: Una biografía no autorizada de Dan Brown]
(Andrews McMeel, 2006), cuyos derechos han sido vendidos
para traducirse a veintiocho lenguas.

También escribió *Dr. Robert C. Atkins: The True Story of the
Man Behind the War on Carbohydrates* [El doctor Robert C. At-
kins: La verdadera historia del hombre detrás de la guerra con-
tra los carbohidratos] (Chamberlain Bros./Penguin USA, 2005;
Reino Unido, Robson Books; en español, Random House Mon-
dadori; derechos por entregas en Norteamérica, *The National
Enquirer*; derechos por entregas en el Reino Unido, *The Sunday
Times*, de Londres).

Introducción

Algunos creen que los ojos son el espejo del alma, pero otros creen firmemente que las palabras de una persona se revelan como una indicación más valiosa de cuáles son sus verdaderas intenciones.

Cuando se publicó la primera edición de *Barack Obama In His Own Words* [Barack Obama en sus propias palabras] la primavera de 2007, se sabía poco de este senador de Illinois elegido por primera vez, más allá de su electrizante discurso en la Convención Demócrata de 2004, donde eclipsó a la atracción principal, el candidato presidencial John Kerry. Las citas de esa primera edición pretendían servir como introducción para que personas curiosas se enteraran de cuál era su posición respecto a las cuestiones del momento.

Cuando comenzó en serio la competencia en las primarias, no sabíamos lo importante que sería el uso del lenguaje y las palabras por parte de Obama para su campaña. La mayoría de los candidatos atraen la atención de los potenciales votantes con promesas, pero Obama se hizo notar no sólo a través de sus palabras, también con su estilo oratorio. Lo vi hablar por primera vez pocos meses después de la publicación de la primera edición, cuando fue el principal orador en una reunión anual de abogados litigantes en New Hampshire. Fue como si estuviera hablando *con* el público, no *a* él, y habló espontáneamente, recurriendo sólo ocasionalmente a una única hoja de papel. Su tono fue autocrítico y salpicó su discurso con referencias a la vida como abogado, que fueron celebradas con risitas cómplices. Ciertamente, era un abogado que se dirigía a una audiencia de otros abogados, pero cuando miré alrededor de la sala, las caras de las personas parecían hechizadas. Y sí, se podía oír el proverbial vuelo de una mosca.

Rápidamente la gente se dio cuenta de que sus frases eran más meditadas y, bueno, más inteligentes que las de otros candidatos en un carrera donde las réplicas enlatadas eran la norma. Como resultado, pronto se convirtió en el foco de atención. Los otros luchaban para mantener el paso cambiando sus palabras y sus discursos, pero saltaba a la vista que carecían del don que tenía Obama para expresarse.

No sólo sobresale en la palabra hablada, también en la escrita. A los 46 años, ha producido dos memorias bien escritas que ha redactado sin la ayuda de un escritor oculto. Aunque carecen de la inflexión sonora y la contagiosa energía de un predicador dominical, las palabras escritas no son muy diferentes de las habladas: siguen saltando de la página.

Si bien las palabras han llevado a Obama a los primeros planos, también le han provocado un examen más profundo, en especial, cuando son pronunciadas por otros, más notablemente por el reverendo Jeremiah Wright. Pero, en cualquier caso, Obama siguió sorprendiéndonos con sus palabras. Por ejemplo, en respuesta a la retórica de Wright, el senador abordó la situación de frente hablando sobre lo que para muchas personas sería incómodo decir en voz alta, en su famoso discurso sobre la raza: "Una unión más perfecta."

"No puedo renegar más de él que de mi abuela blanca, una mujer que ayudó a criarme, una mujer que me ama tanto como ama todo en este mundo, pero una mujer que una vez confesó su miedo a los hombres negros que pasaban a su lado en la calle, y que, en más de una ocasión, expresó estereotipos raciales o étnicos que me avergonzaron", dijo. Los estadounidenses rara vez han tenido la experiencia de un candidato presidencial cuyo estilo retórico fuera tan crucial para su plataforma política. Y han reaccionado de manera entusiasta. Algunos lo compararon con el discurso "Tengo un sueño", de Martin Luther King; Robert Creamer del *Huffington Post* dijo que, con ese único discurso, "Obama mostró a los Estados Unidos que es el hombre que uno quiere que responda el teléfono rojo a las 3 de la mañana". Tal vez, más que cualquier otra cosa y a diferencia de muchos otros políticos, Obama no habla de manera condescendiente con su público. Por el contrario, se dirige a los adultos como adultos, no como a niños de tres años.

En esta versión ampliada y actualizada de *Barack Obama en sus propias palabras*, he agregado más citas, así como extractos de varios de sus discursos más conocidos, incluido el famoso discurso sobre la raza que dio en la primavera de 2008. Este libro representa una guía de cuál es su posición respecto a diversas cuestiones, y un compendio de sus palabras y frases más famosas.

Aunque se han publicado una serie de libros sobre el presidente, esta segunda edición de *Barack Obama en sus propias palabras* está actualizada y revisada después de que Obama consiguió el cargo más alto de la nación.

Barack Obama en resumen

Barack Obama nació en Hawái el 4 de agosto de 1961, hijo de Barack Obama, padre, estudiante de economía y musulmán devoto de Kenia, y Ann Durham, una mujer blanca de Kansas. Sus padres se divorciaron cuando Barack tenía dos años, y después del divorcio, su padre asistió a la Universidad de Harvard para conseguir un doctorado antes de regresar finalmente a Kenia. Su madre se volvió a casar y se mudó a Indonesia cuando Barack tenía seis años. La familia vivió en Yakarta durante cuatro años y Barack regresó a Hawái solo para vivir con sus abuelos hasta que se graduó de la escuela secundaria en 1979. Asistió al Occidental College en California durante dos años antes de pasar a la Universidad de Columbia.

En 1982 se enteró de que su padre había muerto en un accidente automovilístico en Kenia, y esto lo impactó, a pesar de que sólo lo había visto una vez desde el divorcio de sus padres, cuando tenía diez años. Obtuvo en Columbia el título de licenciatura en Ciencia política en 1983. Después de pasar un año trabajando en una empresa, se mudó a Chicago donde decidió participar en proyectos comunitarios, incorporándose a una organización sin fines de lucro que se ocupaba de entrenamiento laboral. En 1988, se inscribió en la Escuela de Leyes de Harvard, donde obtuvo por primera vez reconocimiento nacional por servir como primer presidente afronorteamericano de la *Harvard Law Review*. Después de graduarse *magna cum laude*, en 1991, Obama regresó a Chicago para seguir su trabajo con organizaciones comunitarias sin fines de lucro como abogado de derechos civiles, y fue profesor en la Universidad de Chicago, especializándose en Derecho Constitucional. Conoció a Michelle Robinson, otra abogada, en el verano de 1989, mientras ambos trabajaban en un estudio corporativo, y se casaron en 1992.

Como resultado de su notoriedad en Harvard, Random House le pidió que escribiera una autobiografía, y *Dreams from My Father* [Sueños de mi padre] se publicó en 1995. Su madre, a quien le habían diagnosticado cáncer unos meses antes, murió poco después de la publicación del libro. Michelle y él tienen dos hijas: Malia, nacida en 1999, y Sasha, nacida en 2001.

Su primera campaña para un cargo público fue exitosa y Barack ganó las elecciones para representar al Lado Sur de Chicago en el Senado de Illinois en 1996. Ocupó el cargo hasta 2004 cuando fue elegido para el Senado de los Estados Unidos con el 70 % de los votos, y se convirtió en el quinto afronorteamericano en la historia que sirviera en la cámara augusta.

Al aumentar su popularidad a nivel nacional, Barack grabó la versión de audio de la autobiografía *Dreams from My Father* [Sueños de mi padre], que ganó el Premio Grammy al Mejor Álbum Hablado en 2006. Ganó el mismo premio en 2008 con *The Audacity of Hope* [La audacia de la esperanza]. En febrero de 2007 anunció que iba a presentarse en las elecciones para presidente.

El 4 de noviembre de 2008, Obama fue electo presidente de Estados Unidos y asumió el puesto el 20 de enero de 2009.

EN SUS PROPIAS PALABRAS

Sobre su decisión de postularse como candidato a presidente

Nunca fui el candidato con más posibilidades para este cargo.

Discurso de aceptación, Grant Park, Chicago, IL, 4 de noviembre de 2008

Sobre qué tipo de presidente sería

Siempre seré honesto con ustedes respecto a los desafíos que enfrentamos. Siempre los escucharé, en especial, cuando estemos en desacuerdo.

Discurso de aceptación, Grant Park, Chicago, IL, 4 de noviembre de 2008

Sobre el sueño americano

Esta noche demostramos una vez más que la verdadera fortaleza de nuestra nación proviene no del poderío de nuestras armas o la escala de nuestra riqueza, sino del poder imperecedero de nuestros ideales: democracia, libertad, oportunidad y esperanza inquebrantable.

Discurso de aceptación, Grant Park, Chicago, IL, 4 de noviembre de 2008

Sobre el aborto

Creo que los demócratas, históricamente, han cometido un error tratando simplemente de evitar el tema o de pretender que no había en él un componente moral. Lo hay. Estoy a favor de la elección [sobre el aborto], pero creo también que es importante –aun cuando señalo que estoy a favor de la elección– decir que no se trata de un tema trivial. Y tenemos que escuchar las profundas inquietudes que tienen otras personas.

Face the Nation, 12 de marzo de 2006

Nadie está a favor del aborto.

Discurso en la Universidad Benedictina, 5 de octubre de 2004

No conozco a nadie que esté a favor del aborto. Creo que es muy importante comenzar con esta premisa. Creo que la gente reconoce cuán doloroso y difícil es este tema. Nuestra meta debería ser que el aborto fuera menos común, desalentar los embarazos no deseados, alentar la adopción siempre que sea posible.

Christianity Today, enero de 2008

Sobre Abraham Lincoln

Lincoln no fue un hombre perfecto, ni un presidente perfecto. Según los estándares modernos, su condena a la esclavitud podría ser considerada vacilante.

Chicago Tribune, 26 de junio de 2005

Estoy fascinado con Lyndon Johnson; hay una parte de él en mí. Ese tipo de hambre, esa desesperación por ganar, complacer, tener éxito, dominar, me hace pensar que no conozco a ningún político que no tenga algo de ese lado reptiliano. Pero esa no es mi parte dominante. Tampoco sé si fue la parte dominante de Lincoln. El tipo era bastante reflexivo.

Men's Vogue, otoño de 2006

No me puedo creer completa la visión de Lincoln como el Gran Emancipador.

Time Magazine, 26 de junio de 2005

Sobre Afganistán

Siempre he pensado que hicimos lo correcto en Afganistán. Mi única inquietud fue que desviamos la atención de allí para pasar a Irak y creo que podríamos haber hecho un mejor trabajo para estabilizar ese país que el que hicimos para brindar asistencia al pueblo afgano. Todos nosotros deberíamos estar alentando al pueblo afgano y asegurándonos de que estamos brindándoles el apoyo para hacer que las cosas sucedan.

Debate en el Senado de Illinois, Illinois Radio Network, 12 de octubre de 2004

Sobre África

Los africanos van a tener que ser responsables de su salvación. Nosotros tenemos que ser socios de ellos en ese proceso. La comunidad afronorteamericana aquí tiene que estar atenta a sus cuestiones. Por otra parte, los líderes africanos tienen que crear un estado de derecho que no sea corrupto, que sea transparente.

Essence, octubre de 2006

Los negros norteamericanos siempre han tenido una relación ambigua con África. Hoy en día, usamos ropa kente, celebramos Kwanza y colgamos pósters de Nelson Mandela en la pared. Y cuando viajamos a África y descubrimos que no todo es dulzura y luz, podemos terminar decepcionándonos profundamente.

Crisis, octubre de 1995

Sobre la comunidad
afronorteamericana

No creo que el Partido Demócrata dé por sentados a los votantes afronorteamericanos. Quiero que los republicanos compitan por el voto afronorteamericano. No están consiguiendo ese voto no porque los afronorteamericanos no sean de mentalidad abierta, sino porque los demócratas consistentemente han defendido esos temas –derechos civiles, derecho al voto, preocupación por las familias trabajadoras– que generan gran preocupación en los votantes afronorteamericanos.

Meet the Press, 25 de julio de 2004

En la comunidad afronorteamericana en particular creo que, a veces, tenemos una tendencia a que nuestro liderazgo sea muy protector de su terreno y no invite a la gente joven hasta que es demasiado tarde. Cuanto antes preparemos a la gente joven y le demos oportunidades de liderazgo, y la empujemos al frente, mejor.

Black Collegian, octubre de 2006

Creo firmemente en que una abrumadora mayoría de afronorteamericanos es igualmente trabajadora, igualmente emprendedora. Lo cierto, sin embargo, es que a veces caemos en el hábito de que es más fácil culpar a los blancos por las cosas en lugar de asumir nosotros la responsabilidad.

Who's Afraid of a Large Black Man? [¿Quién teme a un gran hombre negro?],
Charles Barkley, página 35

Tenemos ciertos guiones en nuestra política, y uno de los guiones de los políticos negros es que, para ser auténticamente negros, tienen que ofender de algún modo a los blancos.
Y que, si reúne una coalición multirracial, debe en cierta forma estar comprometiendo los esfuerzos de la comunidad afronorteamericana. Para usar un término de la calle, nosotros tiramos a la basura el guión.

Chicago Tribune, 26 de junio de 2005

Creo que es la mejor de las épocas y la peor de las épocas para la comunidad afronorteamericana. Y una de las cosas que quiero asegurar es que las voces de los jóvenes que están parados en una esquina, sin esperanza ni visión para el futuro, se escuchen en el Senado de Estados Unidos, pues sentimos una cierta sensación de urgencia respecto a una generación que estamos perdiendo.

All Things Considered, 27 de julio de 2004

En Estados Unidos, cualquier persona negra exitosa tiene que hablar de diferentes formas la misma lengua. Uno asume diferentes personajes en la medida en que lo necesita, y cuando tiene que hacerlo. No hay nada de malo en eso. Uno habla de modo diferente en el campo del golf con sus compañeros de golf que cuando está con sus compañeros alrededor de la mesa en la cocina.

Who's Afraid of a Large Black Man? [¿Quién teme a un gran hombre negro?],
Charles Barkley, página 25

Sé que si estoy ante un público totalmente negro, habrá un cierto ritmo que me venga de la audiencia. Ellos no van a estar simplemente allí sentados. Eso crea un ritmo diferente en el hablar.

Chicago Tribune, 26 de junio de 2005

SOBRE EL SIDA

Todos estamos enfermos a causa del sida... y todos somos puestos a prueba por esta crisis. Ni el filántropo ni el científico, ni el gobierno ni la Iglesia, pueden resolver este problema por su cuenta. El sida requiere del esfuerzo de todos.

Discurso en el Día Mundial del Sida, 1 de diciembre de 2006

No creo que podamos negar que hay un componente moral y espiritual en la prevención. Muchas veces escuché historias de hombres y mujeres que contrajeron VIH porque el sexo ya no formaba parte de un pacto sagrado, sino que era un acto físico mecánico. Dicho esto, también creo que no podemos ignorar que la abstinencia y la fidelidad suelen ser muy a menudo lo ideal, pero no la realidad. Si los preservativos y potencialmente los microbicidas pueden prevenir millones de muertes, deberían ser puestos a disposición de un modo más amplio.

Orange County Register, 1 de diciembre de 2006

Creo que es importante apuntar los recursos contra el VIH/sida a las comunidades donde estamos viendo las tasas de crecimiento más altas. Eso significa educación y prevención, en particular, para los jóvenes. Significa que tenemos que considerar medidas drásticas como el intercambio de agujas para asegurar que quienes usan drogas no se transmitan la enfermedad entre ellos. Y tenemos que expandir los programas de tratamiento. Y todo esto va a costar un poco de dinero y un poco de tiempo. Pero cuanto más invirtamos en esa onza de prevención, en mejor posición vamos a estar.

Politico.com, 11 de febrero de 2008

Sobre el carácter norteamericano

Nunca olviden que tenemos en nuestro poder el forjar la historia de este país. No está en nuestro carácter sentarnos sin hacer nada, como víctimas del destino o de las circunstancias, porque somos un pueblo de acción e innovación que siempre corremos los límites de lo que es posible.

"Reducir costos y cubrir a Estados Unidos: un sistema de salud del siglo XXI",
Universidad de Iowa, 29 de mayo de 2007

Sobre el sueño norteamericano

Continúen asombrados y sigan maravillados de este increíble lugar que llamamos Estados Unidos. Creo que para algunos es fácil observar los desafíos que enfrentamos, observar la pobreza y la guerra y el racismo y la desigualdad y el odio y la impotencia, y sentirse mal con este país como resultado. Pensar que algo nos pasa y que hay poca esperanza de que las cosas mejoren. Si alguna vez se sintieron así, les pido que recuerden todas las cosas asombrosas e increíbles que han sucedido en este país. Esto es Estados Unidos. Un lugar donde millones de inquietos aventureros de todas partes del mundo, aun cansados de lo que les tocó en la vida –aun esperando algo mejor–, han anhelado atravesar grandes distancias y asumir grandes riesgos a cambio de una oportunidad para llegar a nuestras costas.

Discurso en la ceremonia de graduación, Universidad de Massachusetts,
Boston, 2 de junio de 2006

Este país sigue siendo el más grande de la Tierra, no por el tamaño de nuestra fuerza militar o el tamaño de nuestra economía, sino porque cada niño puede realmente lograr tanto como pueda soñar.

Meet the Press, 25 de julio de 2004

En las grandes ciudades y en los pueblos pequeños, entre hombres y mujeres, jóvenes y viejos, negros, blancos y morenos, los norteamericanos comparten la fe en los sueños simples. Un trabajo con un salario que pueda mantener a una familia. Un sistema de salud que podamos pagar y con el que podamos contar. Un retiro que sea digno y seguro. Educación y oportunidad para nuestros hijos. Esperanzas comunes. Sueños norteamericanos.

"Comentarios del senador Barack Obama: reivindicando el sueño norteamericano", Bettendorf, Iowa, 7 de noviembre de 2007

SOBRE SER CRISTIANO

Uno tiene que ir a la iglesia, en primer lugar, porque precisamente uno pertenece primero a este mundo, no está separado de él. Uno tiene que abrazar a Cristo precisamente porque tiene pecados que lavar, porque uno es humano y tiene un aliado en este difícil viaje.

Discurso de Apertura de la Conferencia Call to Renewal [Llamado a la Renovación], 28 de junio de 2006

Todavía hay pasajes que leo en la Biblia en los que digo: bueno,
esto no tiene ningún sentido.
New Yorker, 30 de octubre de 2006

Soy cristiano, y soy un cristiano devoto. Creo en la
muerte redentora y en la resurrección de Jesucristo.
Creo que esa fe me brinda un camino para ser purificado
del pecado y lograr la vida eterna.
Christianity Today, enero de 2008

Nunca debemos olvidar que Dios nos otorgó el poder de la
razón para que hiciéramos *su* trabajo aquí en la Tierra.
Discurso en el Día Mundial del Sida, 1 de diciembre de 2006

Mi fe es una que admite cierta duda.
This Week (ABC) con George Stephanopoulos, 15 de agosto de 2004

Es un proceso en curso para todos nosotros asegurarnos de que
estamos viviendo nuestra fe todos los días. Es algo por lo que trato
de rezar al comienzo y al final de cada día, si estoy viviendo mi
vida de un modo que sea consistente con mi fe. La oración que
me digo todas las noches es bastante simple: Pido, en nombre de
Jesucristo, que mis pecados sean perdonados, que mi familia esté
protegida y que yo sea un instrumento de la voluntad de Dios.
Constantemente estoy tratando de alinearme con lo que creo
que Él me ha llamado a hacer.
Beliefnet.com, enero de 2008

Sobre el bipartidismo

El senador Tom Coburn de Oklahoma es la mejor clase de conservador porque es un conservador sincero. No está tratando de anotar puntos políticos. Todos estamos interesados en asegurar que nuestro dinero se gaste bien.

Knight Ridder Tribune, 20 de octubre de 2006

No soy alguien que se sienta cómodo con las etiquetas liberal-conservador. Lo que el pueblo norteamericano está buscando es soluciones de sentido común.

Meet the Press, 25 de julio de 2004

Para mí, el tema no es si uno es de centro o es liberal. El tema para mí es: ¿lo que está proponiendo va a funcionar? ¿Puede construir una coalición que funcione para mejorar la vida de la gente? Y si puede funcionar, uno debería apoyarlo sea de centro, conservador o liberal.

New York Magazine, 2 de octubre de 2006

Sobre estados azules y estados rojos

Respecto al fenómeno de los estados rojos donde los demócratas dicen simplemente, bueno, no podemos hacer campaña en esas áreas porque van a votar a los republicanos, creo que es un error.

Face the Nation, 12 de marzo de 2006

Hay un sector de la derecha que es muy absolutista y hay una porción de la izquierda que es del mismo modo, y satanizan al otro bando. Y luego está el 80% de la gente en medio.

Rolling Stone, 30 de diciembre de 2004

Estas formulaciones que obligan a optar por una cosa u otra son aburridas. No son útiles. La realidad supera las categorías mentales con las que estamos operando.

New York Magazine, 2 de octubre de 2006

Sobre los libros que lo han inspirado

Recuerdo haber leído *Working* [Trabajar] [de Studs Terkel] apenas apareció y haberlo hallado muy poderoso. Lo impresionante fue revelar lo sagrado de la vida de las personas comunes. Que todos tienen una historia. Y creo que Studs es genial al trazar esa brillante cualidad que hay en las luchas cotidianas de la gente.

Chicago Tribune, 26 de octubre de 2006

Justo alrededor de mi primer año de universidad, leí *Song of Solomon* [La canción de Salomón], de Toni Morrison, y me conmovió tremendamente: el poder del lenguaje y cómo puede dejar al descubierto verdades, traer cosas a la superficie.

Chicago Tribune, 26 de octubre de 2006

Sobre la reforma de la financiación de las campañas

Una verdadera reforma significa asegurarse de que los miembros del Congreso y la Administración nos digan cómo y cuándo están negociando para conseguir empleo en las industrias que son responsables de regular. De esta forma no tendremos gente que escriba una ley de medicamentos durante el día y se reúna con las compañías farmacéuticas para hablar de su futuro salario por la noche.

Discurso en el Consejo de Relaciones Exteriores de Chicago,
22 de noviembre de 2005

El tema subyacente de hasta dónde el dinero influye en la política es el pecado original de todo el que alguna vez se postuló para un cargo... incluido yo. Para ser elegido, tenemos que recaudar vastas sumas de dinero reuniéndonos y tratando con gente que es desproporcionadamente rica.

Discurso en el Lobbying Reform Summit, 26 de enero de 2006

La mayor ventaja que tiene el dinero, en cuanto a financiación, en Washington, es la gran mayoría de cabilderos de tiempo completo que pueden seguir una ley que, para su cliente, significa una reducción de impuestos de mil millones de dólares, pero que nadie sabe siquiera que está ahí.

New Yorker, 30 de octubre de 2006

Todo el tema sobre el dinero en la política es algo con lo que estoy luchando constantemente, porque mi preferencia sería que las campañas tuvieran financiamiento público y nadie tuviera que recaudar dinero ni nada por el estilo.

All Things Considered, 19 de octubre de 2006

Aunque aprobemos una buena ley y limpiemos Washington de los Jack Abramoff del mundo, va a necesitarse mucho más que prohibir regalos y reformar el modo de hacer antesala para recuperar la fe del público en el gobierno. Se necesitará no sólo un cambio en la legislación, sino un cambio de actitud. Para recuperar esa confianza y mostrar a la gente que estamos trabajando por ellos y velando por sus intereses, tenemos que comenzar a actuar de ese modo.

Discurso en el Consejo de Relaciones Exteriores de Chicago,
22 de noviembre de 2005

SOBRE SU INFANCIA

Era yo tan terrible que mis maestros no sabían qué hacer conmigo.

Harper's, noviembre de 2006

Al crecer, absorbí un montón de estereotipos negativos sobre cómo debía comportarme como un adolescente negro y caí en algunas de las mismas trampas que un montón de jóvenes negros. No estaba predestinado que fuera a Columbia o a Harvard. No tenía un padre en casa, lo que significaba que no tenía muchos modelos en términos de cómo debía operar.

Chicago Tribune, 26 de octubre de 2006

Cuando era joven, consumí drogas. Ese fue el asunto.

Economist, 28 de octubre de 2006

Mi madre me enseñó a no rechazar un cumplido cuando lo ofrecían.

Carta a The Black Commentator, 19 de junio de 2003

Sobre sus hijas

Mis pequeñas pueden partirme el corazón. Pueden hacerme llorar sólo viéndolas comer sus legumbres.

Houston Chronicle, 29 de octubre de 2006

Una de las luchas que siempre tengo con mi equipo es incluir los eventos de mis hijas en mi agenda. Tengo que asegurarme de que entiendan que es una prioridad.

Live Your Best Life [Vive tu mejor vida], Oprah Winfrey, página 294

Cuando me siento con mis hijas de seis y tres años por la noche y les leo un libro y luego las arropo para que duerman, eso es un pequeño trozo de cielo al que me aferro.

American Libraries, agosto de 2005

Sobre China

Estados Unidos debe ser firme respecto a los temas que nos
separan [del gobierno de Pekín] como Taiwán y flexible
en los temas que pueden unirnos. Debemos insistir en los
estándares laborales y los derechos humanos, la apertura
completa de los mercados chinos a los bienes norteamericanos,
y el cumplimiento de contratos legales con las empresas
norteamericanas, pero sin desatar una guerra comercial, ya que
una inestabilidad prolongada en la economía china podría tener
consecuencias económicas mundiales.

Comunicado de prensa de Renovación del Liderazgo Norteamericano,

12 de julio de 2004

China está en ascenso, y no va a desaparecer. No es ni nuestro
enemigo ni nuestro amigo.

Debate presidencial en las primarias demócratas, 26 de abril de 2007

Pretendo forjar un marco regional más eficaz en Asia que
promueva estabilidad, prosperidad y nos ayude a enfrentar las
amenazas trasnacionales comunes, como rastrear terroristas y
responder a los problemas sanitarios mundiales como la
gripe aviar.

Comentarios al Consejo de Asuntos Globales de Chicago,

23 de abril de 2007

Sobre su hábito de fumar

Fumé durante mucho tiempo y dejé de hacerlo, aunque ocasionalmente recaigo en el hábito. Es una lucha continua.

Knight Ridder Tribune, 20 de octubre de 2006

Soy un fumador reformado; creo que eso sorprende a la gente. Dejé, pero luego durante la campaña cuando estoy en el auto manejando a través de los campos de maíz, en ocasiones, prendo un cigarrillo o dos. Pero bebí todo lo que tenía que beber en la escuela secundaria y la universidad. Fui un hombre salvaje. Consumí drogas y me emborraché y anduve de juerga. Pero logré liberar todos mis demonios.

Rolling Stone, 30 de diciembre de 2004

Nicorette ha funcionado. Se supone que uno tiene que dejar el producto, pero no lo hice por completo, todavía lo mastico.

Politico.com, 11 de febrero de 2008

Sobre los Clinton

Creo que hay una diferencia, obviamente, entre los Bush y los Clinton. Pero creo que Washington está cómodo consigo mismo. Y creo que los Clinton forman parte de ese *statu quo* que tiene que cambiar.

60 Minutes, 7 de febrero de 2008

Sobre el Congreso

Este ha sido un Congreso muy improductivo desde que he llegado aquí. Espero, sin embargo, que no haya correlación entre mi llegada y la falta de productividad. He estado en la minoría y no he sido capaz de avanzar mucha legislación porque, francamente, aquellos que han estado a cargo del Senado, la mayoría republicana, no han estado interesados en el trabajo que se estaba haciendo.

Larry King Show, 19 de octubre de 2006

Sobre sus críticos

No es que esté siendo cauto. Es que estoy en desacuerdo con ellos.

Time, 20 de febrero de 2006

Sobre el estado actual de la política

Es la política de veinticuatro horas, implacable, de publicidad negativa, agresiva, cerrada, la que no nos hace avanzar.

Milwaukee Journal Sentinel, 11 de diciembre de 2006

La política en Washington se ha convertido en el equivalente intelectual de la Liga Mundial de Lucha Libre: golpearse unos a otros, arrojarse sillas, pero no se hace nada en realidad.

Houston Chronicle, 29 de octubre de 2006

Podemos pasar los sermones del reverendo Wright en todos los canales, todos los días, y hablar de ellos desde ahora hasta las elecciones, y hacer que la única cuestión en esta campaña sea si el pueblo norteamericano piensa que yo de algún modo creo o simpatizo con sus palabras más ofensivas. Podemos lanzarnos sobre alguna metida de pata de un partidario de Hillary como evidencia de que ella está jugando la carta de la raza, o podemos especular si los hombres blancos van todos a acudir a John McCain en la elección general más allá de sus políticas. Podemos hacer eso. Pero si lo hacemos, puedo asegurarles que en la próxima elección estaremos hablando de alguna otra distracción. Y luego de otra. Y luego de otra. Y nada cambiará.

"Una unión más perfecta", Filadelfia, PA, 18 de marzo de 2008

SOBRE DARFUR

Debemos involucrarnos en Darfur. Tenemos el interés personal y la necesidad de impedir que cientos de miles de personas sean masacradas.

New Yorker, 15 de enero de 2007

Estados Unidos debería reunir los fondos necesarios para asegurar que los civiles en Sudán reciban asistencia humanitaria de emergencia. Debemos ser los líderes contribuyendo con la parte del león de estos fondos para así convencer a otros de que hagan también una contribución justa. Luego, Estados Unidos debería desplegar de inmediato una fuerza internacional efectiva para desarmar a las milicias, proteger a los civiles y facilitar la entrega de asistencia humanitaria en Darfur.

Discurso, 7 de octubre de 2004

Tenemos un fuerte interés de seguridad nacional. Si uno comienza a ver más y más estados que fallan, más y más personas desplazadas, más y más refugiados, todo eso se vuelve un caldo de cultivo para la actividad terrorista, se vuelve un caldo de cultivo para la enfermedad, y crea refugiados que ponen presión sobre nuestras fronteras. En un mundo interconectado, no podemos aislarnos de estas tragedias. Vamos a tener que desarrollar alguna estrategia como la única superpotencia que queda en el mundo para abordar estas cuestiones, y Darfur es una importante prueba. Ya hemos fallado en una prueba en Ruanda, no debemos fallar en otra.

"Darfur: la política actual no es suficiente", programa de internet,
15 de febrero de 2006

SOBRE SU DECISIÓN DE POSTULARSE
PARA PRESIDENTE

Esta es una decisión profundamente personal que estoy atravesando. Estoy considerando los factores externos: dinero, organización, calendario, todas esas cosas. Pero lo más importante que estoy considerando es: ¿Tengo algo único para aportar a la carrera presidencial que justifique hacer pasar a mi familia por lo que creo que todo el mundo entiende como un proceso agotador?

Chicago Tribune, 20 de noviembre de 2006

Creo que me preguntaron por primera vez [si iba a postularme como candidato a presidente] el día después de que fui electo para el Senado. Era la conferencia de prensa de las ocho de la mañana, acababa de salir de la elección, y recuerdo que me reí de la pregunta porque se me hacía paradójico jurar en mi nuevo cargo y también pensar en uno próximo.

All Things Considered, 19 de octubre de 2006

Pero la decisión de postularme como candidato a presidente es muy seria. Y es una decisión de mucha humildad. Tengo que sentir que tengo algo único que ofrecer al país, algo que nadie más puede brindar en este momento.

Ebony, febrero de 2007

Lo único que tengo claro respecto a la presidencia es que no puede ser algo que uno busca por vanidad y ambición. Se requiere cierta sobriedad y seriedad.

Meet the Press, 22 de octubre de 2006

Lo que ha pasado, creo, es que creamos este ejercicio estéril en el que hay constante especulación sobre si esta persona se postula, o esta persona no se postula. Y luego candidatos que no se deciden a postularse terminan extendiendo su anuncio a lo largo del año y hacen cuatro anuncios diferentes.

All Things Considered, 19 de octubre de 2006

Mi actitud general es que, si estoy haciendo un buen trabajo ahora, puedo tener la oportunidad de aspirar a un cargo superior. Si no estoy haciendo un buen trabajo y estoy prestando demasiada atención a lo que pueda ocurrir en el camino, no estará esa opción abierta para mí.

Essence, octubre de 2006

Postularse como candidato a la presidencia es una decisión profunda, una decisión que nadie debería tomar sobre la base del despliegue publicitario en los medios o la ambición personal exclusivamente y, por lo tanto, antes de comprometerme, y también comprometer a mi familia en esta carrera, quería estar seguro de que era lo correcto para nosotros, y aún más importante, correcto para el país.

Barackobama.com, 16 de enero de 2007

Es cierto, no esperaba encontrarme en esta posición hace un año. Pero al hablar con muchos de ustedes en mis viajes, me sorprendió el hambre que todos tenemos de un tipo diferente de política.

USA Today, 17 de enero de 2007

SOBRE LA DEMOCRACIA

Siempre habrá algún conflicto en la democracia. Es un país grande. Es un país complicado. La democracia es desprolija. Y mucho de eso es saludable.

Charlie Rose Show, 19 de octubre de 2006

SOBRE EL PARTIDO DEMÓCRATA

La confianza en el otro... eso es lo que me hizo un demócrata.

San Francisco Chronicle, 28 de octubre de 2006

El partido no ha actualizado su visión y su mensaje. No hemos pintado un cuadro que indique adónde queremos llevar al país.

Essence, octubre de 2006

Este es nuestro tiempo y estoy agradecido de formar parte de él.

Evento demócrata para recaudar fondos en Manchester, New Hampshire, 12 de diciembre de 2006

El Partido Demócrata siempre estuvo de acuerdo en dar a todos una misma oportunidad, a pesar de las circunstancias de su nacimiento. Mi historia es emblemática en ese sentido. Quiero afirmar esos valores.

National Review, 27 de julio de 2004

El Partido Demócrata no ha contado una buena historia. Lo que tenemos es una serie de recetas políticas para resolver cuestiones particulares. Tenemos nuestra posición ambientalista y nuestra posición laboral y nuestra posición respecto al sistema de salud, pero no tenemos una narración. Y los republicanos sí.

Rolling Stone, 30 de diciembre de 2004

Creo que hay una falsa opción que se está presentando en este momento en el Partido Demócrata, entre aquellos que afirman que nuestro trabajo es oponernos a todo lo que hace George Bush, aferrados a la religión de los viejos tiempos, y el sector en el que sólo se hacen concesiones sin notar que a lo largo de muchos años los postes que indican la meta se han ido deslizando cada vez más hacia la derecha. Creo que lo que tenemos que hacer es trascender esas categorías.

Time, 13 de febrero de 2006

El Partido Demócrata es una gran carpa, lo que significa que hay posiciones con las que puedo no estar de acuerdo.

Politico.com, 11 de febrero de 2008

A veces creo que no somos suficientemente ambiciosos. Allá por 2004, uno de los candidatos había hecho una propuesta sobre la cobertura universal de salud, y un comentador dijo: "No podemos proponer este tipo de programa costoso que supone un gobierno grande, porque enviará la señal de que somos liberales que aumentamos impuestos para hacer grandes gastos." Pero esa no es una buena razón para no hacer algo. Uno no abandona la meta de una cobertura universal de salud porque no quiere ser etiquetado como liberal.

New York Magazine, 2 de octubre de 2006

Si los demócratas no pueden inspirar, si no pueden acceder a cierto sentido que vaya más allá de sólo dólares y centavos, entonces será muy difícil para ellos pelear contra el tipo de egoísmo y de políticas de intereses personales que ha llegado a dominar nuestra política.

All Things Considered, 10 de marzo de 2005

Si los demócratas sólo emiten papeles blancos y posiciones políticas y no hablan a la gente de sus experiencias centrales, entonces creo que habrá problemas.

This Week (ABC), 7 de noviembre de 2004

Tenemos una historia que contar que no es sólo contra algo, sino que es a favor de algo. Sabemos que somos el partido de la oportunidad.

Conferencia anual de Take Back America de 2006, 14 de junio de 2006

Nosotros, como demócratas, no hemos estado tan interesados como debiéramos en la pobreza o en temas relacionados con las zonas urbanas deprimidas. Piensen en la última campaña electoral: es bastante difícil encontrar un momento en que se le haya prestado alguna atención.

Chicago Tribune, 11 de septiembre de 2005

Sobre la diversidad

Creo en la aplicación vigorosa de nuestras leyes de no discriminación. Pero también creo que una transformación de conciencia y un genuino compromiso con la diversidad de parte de los CEO de la nación podrían generar resultados más rápidos que un batallón de abogados. Tienen más abogados que nosotros, de todos modos.

Discurso de Apertura de la Conferencia Call to Renewal [Llamado a la Renovación], 28 de junio de 2006

Las personas religiosas son mucho más tolerantes que lo que creo les reconoce la cultura popular. A la inversa, los no religiosos están mucho más interesados en la moralidad y la ética que la forma en que los retrata la derecha.

Charlie Rose Show, 19 de octubre de 2006

Estoy bien ubicado para ayudar al país a comprender cómo
ambos podemos celebrar nuestra diversidad en toda su
complejidad y seguir afirmando nuestros vínculos comunes.
Tal vez pueda ayudar en esto porque tengo tantas piezas
diferentes dentro de mí.

Live Your Best Life [Vive tu mejor vida], Oprah Winfrey, página 293

Sobre la educación

Creo que las instituciones terciarias van a jugar un papel
cada vez más importante, porque una cosa que sabemos con
seguridad respecto a la economía cambiante es que nadie va a
tener un empleo permanente.

Community College Week, 28 de marzo de 2005

Ya no podemos suponer que una educación de nivel medio
en Boston es suficiente para competir por un empleo que
fácilmente podría conseguir un estudiante educado en la
universidad en Bangalore o Pekín.

*Discurso en la ceremonia de graduación, Universidad de Massachusetts
en Boston, 2 de junio de 2006*

Tenemos la obligación y la responsabilidad de invertir en
nuestros estudiantes y nuestras escuelas. Debemos asegurarnos de
que la gente que tiene las notas, el deseo y la voluntad, pero no el
dinero, puede aún así conseguir la mejor educación posible.

Black Issues in Higher Education, 7 de octubre de 2004

Es realmente importante que renovemos nuestros programas de préstamos universitarios para liberar más dinero para los estudiantes. El programa de Préstamo Directo funciona sumamente bien, y allí no parece haber necesidad de que estos programas de préstamo a estudiantes sean manejados a través de bancos u otros acreedores privados. Si pudiéramos consolidar programas dentro del programa de Préstamo Directo, ahorraríamos cuatro mil quinientos millones de dólares, que podrían ser reinvertidos para brindar más subsidios Pell y brindar un nivel más alto de subsidios por estudiante.

Black Issues in Higher Education, 7 de octubre de 2004

La ley *No Child Left Behind* (Ningún Niño Afuera) no hablaba de lo que creo es un tema fundamental en educación, es decir, cómo alentamos a los mejores y más brillantes a que continúen enseñando, y cómo actualizamos sustancialmente el pago y el desempeño de la profesión docente.

Discurso en The Aspen Institute, 2 de julio de 2005

Sabemos que, en una economía global que está más conectada y es más competitiva, somos el partido que garantizará a todo norteamericano una educación accesible económicamente, de clase mundial, duradera, de calidad, desde la primera infancia hasta la preparatoria, de la universidad a la capacitación en el empleo. Sabemos que eso es lo que somos.

Conferencia anual de Take Back America de 2006, 14 de junio de 2006

Trato de evitar un enfoque que implique optar por una solución u otra para resolver los problemas de este país. Hay cuestiones de responsabilidad personal y cuestiones de responsabilidad social con las que lidiar. El mejor ejemplo es la educación. Voy a insistir en que tenemos una cantidad decente de fondos, suficientes maestros y computadoras en las aulas, pero a menos que se apague el televisor y se supere un cierto antiintelectualismo que creo invade a algunas comunidades de bajos ingresos, nuestros hijos no van a tener un buen desempeño.

Meet the Press, 25 de julio de 2004

Nuestro sistema de educación pública es la clave de oportunidad para millones de niños y familias. Tiene que ser el mejor del mundo. Particularmente preocupante es la creciente brecha de desempeño entre los estudiantes de ingresos medios y bajos, que ha seguido expandiéndose a pesar de algunos logros de rendimiento general en todo el país.

ObamaForIllinois.com, 2 de mayo de 2004

SOBRE LA POLÍTICA ENERGÉTICA

Como presidente, explotaré nuestras reservas de gas natural, invertiré en tecnologías limpias para el carbón, y encontraré formas de utilizar de un modo seguro la energía nuclear. Ayudaré a las compañías automotrices a reequiparse, para que los autos del futuro, con un uso eficiente del combustible, se construyan aquí en Estados Unidos. Haré que sea más fácil para el pueblo norteamericano costearse estos nuevos autos. E invertiré ciento cincuenta mil millones de dólares durante la próxima década en fuentes de energía renovables y económicas.

Discurso de aceptación, Convención Nacional Demócrata,
28 de agosto de 2008

Este es el trato que queremos hacer con las compañías automotrices. Es una ley que presenté llamada Cobertura de Salud por Híbridos, y permitiría que el gobierno federal se encargara de parte de los costos de salud de los jubilados de las empresas automotrices. A cambio, éstas usarían parte de esos ahorros para construir e invertir en automóviles con un uso más eficiente del combustible.

Discurso en la Coalición de Gobernadores a favor del Etanol,
28 de febrero de 2006

Nuestra persistente dependencia del petróleo es un peligro del que nuestro gobierno tiene noticia hace años. Y a pesar de las constantes advertencias de los investigadores y científicos, de las principales empresas y de los funcionarios de nuestro propio gobierno, es un peligro para el que no hemos logrado prepararnos, que no escuchamos o del que no tratamos seriamente de resguardarnos. Es un peligro que ya no podemos darnos el lujo de ignorar.

Discurso "Asegurando Nuestro Futuro Energético", 15 de septiembre de 2005

No haría grandes inversiones o trataría de llevar las tecnologías a una escala que empeorara la situación climática. Pero quizás sea apropiado que el gobierno federal haga pequeñas inversiones en proyectos piloto para ver si podemos lograr que los combustibles sucios sean más limpios.

Outside.com, septiembre de 2007

Quiero avanzar agresivamente en un proyecto de ley energética que, creo, es otra área donde tenemos una convergencia potencial entre los halcones de la seguridad nacional, los verdes ambientalistas, y la gente que está preocupada por sus billeteras y lo que está sucediendo en los surtidores de gasolina. Creo que realmente podemos reunir al país en torno de un plan energético agresivo que implique aumentar los estándares de eficiencia del combustible, reducir las emisiones de gases de efecto invernadero y establecer una licitación para aquellas emisiones que generan dinero que podemos usar para crear una exploración muy agresiva de combustibles alternativos.

Readers Digest, septiembre de 2007

Decir que Estados Unidos es adicto al petróleo sin plantear un plan real para la independencia energética es como admitir que somos alcohólicos y luego saltarnos el programa de doce pasos.

Chicago Tribune, 3 de abril de 2006

[Nosotros deberíamos] liberar a Estados Unidos de su dependencia del petróleo extranjero. Debemos tomar medidas concretas para alcanzar independencia energética, incluyendo exigir que 20% de la cartera de provisión energética de la nación venga de fuentes renovables como la energía eólica, solar, de biomasa y geotermal para 2020, y que un porcentaje del suministro de combustible de nuestra nación esté provisto por combustibles renovables como el etanol y el biodiésel.

Comunicado de prensa de Renovación del Liderazgo Norteamericano,
12 de julio de 2004

Voté a favor del último proyecto de ley energética porque da algunos pequeños pasos en la dirección correcta. Invierte en biocombustibles renovables, de producción nacional, que pueden resultar algunas de las más promisorias alternativas al petróleo. Las soluciones son demasiado tímidas... las reformas demasiado pequeñas. Un proyecto de ley que reduce nuestra dependencia del petróleo extranjero en sólo 3% cuando nuestra demanda está a punto de crecer 40% no es una política energética seria. Tenemos que hacer más.

Discurso "Asegurando Nuestro Futuro Energético",
15 de septiembre de 2005

No podemos seguir conformándonos con soluciones pequeñas, poco sistemáticas para nuestra crisis energética. Necesitamos un compromiso nacional con la seguridad energética, y para enfatizar ese compromiso, deberíamos instalar un Director de Seguridad Energética que supervisara todos nuestros esfuerzos. Como el Jefe del Estado Mayor Conjunto y el Director Nacional de Inteligencia, esta persona sería un asesor del Consejo de Seguridad Nacional y tendría plena autoridad para coordinar la política energética de los Estados Unidos en todos los niveles de gobierno.

Discurso en la Coalición de Gobernadores a favor del Etanol,
28 de febrero de 2006

Podríamos ahorrar tanto, en términos de combustible, si aumentáramos nuestros estándares de eficiencia del combustible, así como si comenzáramos las perforaciones en Alaska de inmediato. Y esa ha sido la estrategia de Bush: aumentar la producción de las compañías de petróleo y de gas, subsidiarlas a expensas de veinte mil millones de dólares, en lugar de pensar en no sólo cómo podemos desarrollar combustibles alternativos, sino también cómo podemos conservar energía y aumentar eficiencias disponibles ahora mismo, pero en áreas en las que no se ha invertido.

Debate en el Senado de Illinois, 26 de octubre de 2004

Con el poder nuclear, tenemos que ver si hay para nosotros formas de almacenar el material radioactivo de un modo seguro y sólido ambientalmente, y si podemos hacerlo al tiempo que manejamos las cuestiones de seguridad, es algo a lo que deberíamos prestar atención. Deberíamos experimentar con todo tipo de fuentes potenciales de energía, sin prejuzgar qué funciona y qué no, pero insistir en que tenemos estándares muy estrictos en términos de a dónde queremos llegar, y aplicar esos estándares vigorosamente.

Outside.com, septiembre de 2007

Luchemos para destetarnos del petróleo de Medio Oriente, a través de una política energética que no sirva sólo a los intereses de Exxon y Mobil.

Discurso en una manifestación contra la guerra de Irak en Chicago, 26 de octubre de 2002

Lo único tan previsible como el alza de los precios de la gasolina son las soluciones políticas de corto plazo que habitualmente acompañan a estos. Todos los años, uno encuentra los mismo titulares, dolor en los surtidores y luego los norteamericanos comienzan a vaciar sus billeteras para llenar sus tanques y los políticos recurren a las respuestas de siempre: crédito fiscal o exenciones impositivas, investigar a las empresas de biopetróleo que manipulan los precios.

"Una solución real para los altos precios de la gasolina", programa de internet, 11 de mayo de 2006

Sobre la economía

Invertiría en energía limpia para bajar la demanda y bajar el precio de la gasolina, y así crear millones de empleos en energías limpias y renovables como la eólica, la solar y el biodiésel. Creo que eso sería una gran mejora a largo plazo.

Scranton Times-Tribune, 21 de abril de 2008, en respuesta a la pregunta sobre qué haría si pudiera hacer solo una cosa para mejorar la economía

El senador McCain admitió recientemente que su propuesta energética para una exención impositiva a la gasolina tendrá principalmente "beneficios psicológicos". Ahora quiero que todos ustedes sepan que los Estados Unidos ya tiene un Dr. Phil, no necesitamos otro. Cuando se trata de economía, necesitamos a alguien que pueda resolver verdaderamente la economía.

Washington Post, 7 de julio de 2008

Nuestra economía está en un estado caótico.

Msnbc.com, 19 de abril de 2008

SOBRE LA IGUALDAD DE DERECHOS

Debemos tener cuidado de mantener los ojos en el objetivo:
igualdad de derechos para todos los norteamericanos. Debemos
seguir luchando por la Ley de No Discriminación en el Empleo.
Debemos expandir vigorosamente la legislación sobre crímenes
de odio y mantenernos vigilantes respecto a cómo se aplican
estas leyes. Debemos seguir expandiendo los derechos de
adopción para que sean consistentes y homogéneos en los
cincuenta estados, y debemos rechazar la política militar de:
"No pregunte, no lo cuente."

Windy City Times, 11 de febrero de 2004

SOBRE EL EJERCICIO

Me he mantenido muy bien [durante las elecciones primarias],
pero he respetado religiosamente mis ejercicios y me he estado
ejercitando todas las mañanas. Jugamos un poco de básquetbol.
Nos dimos cuenta de que habíamos jugado básquetbol antes
de Iowa y antes de Carolina del Sur, pero no antes de New
Hampshire y Nevada. Y por eso ahora hemos establecido una
regla clara: el día de las elecciones tengo que jugar básquetbol.

60 Minutes, 7 de febrero de 2008

SOBRE POLÍTICA EXTERIOR

El liderazgo norteamericano ha sido una fuerza poderosa para el progreso humano. La marcha constante de la democracia y la libre empresa en todo el planeta habla de la firmeza de nuestro liderazgo y del poder de nuestros ideales. Hoy enfrentamos desafíos nuevos y temibles, en especial, la amenaza del terror. Nunca ha sido tan importante que los norteamericanos guíen sabiamente, que proyecten con perspicacia su poder y ejerzan su influencia en defensa de la libertad y la seguridad. Lamentablemente, temo que nuestra influencia, en otros tiempos grande, esté declinando, víctima de políticas equivocadas y acciones precipitadas. Nunca Estados Unidos ha poseído tanto poder, y nunca Estados Unidos ha tenido tan poca influencia para liderar.

Discurso en el Consejo de Relaciones Exteriores de Chicago,
12 de julio de 2004

Es fundamental que mantengamos una política exterior fuerte y activa, incesante en la persecución de nuestros enemigos y optimista en la promoción de nuestros valores en todo el mundo.

St. Louis Post-Dispatch, 20 de noviembre de 2006

Estoy orgulloso del hecho de haberme plantado desde un principio y sin dejar dudas en oposición a la política exterior de Bush. Esa oposición no ha cambiado.

Carta a The Black Commentator, 19 de junio de 2003

El mundo está observando lo que hacemos hoy en Estados Unidos. Sabrán lo que hoy hacemos aquí, y nos tratarán a todos según nuestros actos en el futuro: a nuestros soldados, a nuestros diplomáticos, a nuestros periodistas, a cualquiera que viaje más allá de estas fronteras. Espero que recordemos esto mientras avanzamos.

Declaración en el recinto sobre la Enmienda del Hábeas Corpus,
27 de septiembre de 2006

En cada región del planeta, nuestra política exterior debería promover los ideales norteamericanos tradicionales: la democracia y los derechos humanos; el libre comercio, el comercio justo y el intercambio cultural; y el desarrollo de instituciones que aseguren amplias clases medias dentro de economías de mercado. Es nuestra comunidad de intereses en el mundo lo que, en última instancia, puede restaurar nuestra influencia y recuperar los corazones y las mentes necesarios para derrotar el terrorismo y proyectar los valores norteamericanos en todo el planeta. Las aspiraciones humanas son universales: dignidad, libertad, oportunidad para mejorar la vida de nuestras familias.

Discurso en el Consejo de Relaciones Exteriores de Chicago,
12 de julio de 2004

Creo que los norteamericanos comprendemos de un modo instintivo que no podemos simplemente imponer nuestra voluntad militarmente en todo el planeta.

Houston Chronicle, 29 de octubre de 2006

La gente dice, es claro que podemos crear una política exterior y una estrategia de seguridad nacional que combine el poder de nuestras fuerzas armadas con la diplomacia. Lo hemos hecho antes. ¿Por qué no podemos volver a hacerlo?

Seattle Times, 27 de octubre de 2006

Todavía tenemos la oportunidad de corregir tropiezos recientes que han generado un cuestionamiento de nuestros principios y nuestro legado. En realidad, es imperativo hacerlo para la posición y la seguridad de nuestra nación. Requerirá un cambio de actitud y de dirección en nuestro liderazgo nacional para restaurar los valores y las decisiones que hicieron y mantuvieron a nuestra nación como el faro de esperanza y libertad en el mundo.

Discurso en el Consejo de Relaciones Exteriores de Chicago,
12 de julio de 2004

SOBRE EL LIBRE COMERCIO

[Mis votantes] usan zapatillas Nike y compran aparatos de música Pioneer. No quieren que se cierren las fronteras. No desean que sus comunidades se destruyan.

New Yorker, 31 de mayo de 2004

Mi problema con nuestros acuerdos comerciales en este momento no es que sienta que no podamos competir en la economía global. Creo que tenemos los mejores trabajadores en la tierra. Pienso que el problema es que no somos muy buenos negociadores. Nuestra mentalidad comercial data de la década del sesenta y principios de los setenta, cuando teníamos tal dominio en la economía mundial que, básicamente, si la gente enviaba sus bienes a este país sin reciprocidad, en realidad no iba a tener un impacto en nuestra economía.

CNBC Closing Bell, 27 de marzo de 2008

SOBRE EL FUTURO

No es que la gente común haya olvidado cómo soñar. Es sólo que sus líderes lo han olvidado.

Philadelphia Inquirer, 11 de diciembre de 2006

Es su turno de mantener viva esta audazmente radical e indefectiblemente simple noción de Estados Unidos: que no importa dónde haya nacido uno o cuánto tengan sus padres; no importa cómo se ve uno o en qué cree, uno puede todavía elevarse para convertirse en cualquier cosa que quiera; aún puede alcanzar grandes cosas; todavía puede perseguir la felicidad que espera.

Discurso en la ceremonia de graduación, Universidad de Massachusetts en Boston, 2 de junio de 2006

En su núcleo central, los norteamericanos son personas decentes. Y existe una sensación de esperanza de que la gente, unida, puede cambiar este país.

Times of London, 11 de diciembre de 2006

La verdadera prueba del ideal norteamericano es si somos capaces de reconocer nuestros defectos y luego elevarnos juntos para enfrentar los desafíos de nuestro tiempo. Si permitimos ser forjados por los hechos y la historia, o si actuamos para forjarlos.

Discurso en la ceremonia de graduación, Knox College, 4 de junio de 2005

Sobre el matrimonio gay

El foco exacerbado en el matrimonio [gay] es una forma de distraer de otras medidas alcanzables que impidan la discriminación de gays y lesbianas.

The Audacity of Hope [La audacia de la esperanza], páginas 222-3

Soy alguien que no ha aceptado el matrimonio gay. Considero que no es algo para lo que la sociedad esté necesariamente preparada. Y me sorprende que, en muchas formas, para mucha gente, puede inmiscuirse en su manera de entender el matrimonio. Pero también me parece que deberíamos crear uniones civiles para gays y lesbianas que les permitan tener los mismos derechos básicos que toda la gente.

Larry King Show, 19 de octubre de 2006

No considero que el matrimonio sea un derecho civil, pero considero que no ser discriminado es un derecho civil.

Debate en el Senado de Illinois, 26 de octubre de 2004

Me opuse a la Ley de Defensa del Matrimonio [gay] en 1996. Debería ser revocada y votaré por ello en el recinto del Senado. También me opondré a cualquier propuesta de enmendar la Constitución de los Estados Unidos para prohibir que los gays y las lesbianas se casen. Sé cuán importante es el tema de la igualdad de derechos para la comunidad de lesbianas, gay, bisexuales y transexuales. Comparto su sensación de urgencia.

Windy City Times, 11 de febrero de 2004

Sobre los gays en las Fuerzas Armadas

Razonablemente puedo ver eliminado el: "No pregunte, no lo cuente." Creo que puedo ayudar a presentar una Ley sobre No discriminación en el empleo y que se firme como ley. Creo que hay un creciente reconocimiento dentro de las Fuerzas Armadas de que esta es una estrategia contraproducente. Estamos gastando grandes sumas de dinero para echar de nuestras fuerzas a gays y lesbianas altamente calificados, algunos de los cuales con útiles especialidades: habilidades con la lengua árabe que necesitamos desesperadamente. Hacerlos a un lado no nos hace más seguros.

Advocate.com, 10 de abril de 2008

SOBRE EL CONFLICTO GENERACIONAL

Muchas de las discusiones políticas que vemos ahora son la continuación de polémicas que tuvieron lugar en la década de los sesenta del siglo pasado. Lo que veo en el país es particularmente generaciones más jóvenes que quieren superar algunas de esas discusiones y se dicen a sí mismas, "mira"; animosidades muy personales, muy virulentas que se crearon en esa época, están terminadas.

Charlie Rose Show, 19 de octubre de 2006

Cuando uno ve a Clinton contra Gingrich, o a Gore contra Bush, o a Kerry contra Bush, uno siente como si fueran las peleas que tenían lugar en las salas de los dormitorios allá por la década de los sesenta.

Sunday Times Magazine, 5 de noviembre de 2006

Creo que la gente mayor se aferra demasiado y se queda de ese modo. Creo que si una persona joven siente que puede hacer un mejor trabajo que alguien de su anterior generación, a veces es necesario que siga adelante y corra, y tener presente que, por lo general, la gente no entrega el poder fácilmente.

Hay que arrancárselo.

Black Collegian, octubre de 2006

Sobre el calentamiento global

Quizás en la Casa Blanca haya un par de reticentes que no creen
en el cambio climático. Pero hay diez mil científicos que
creen que debemos hacer algo al respecto. No podemos darnos
el lujo de seguir con la misma política tímida cuando el futuro
de nuestro planeta está en riesgo. El calentamiento global no es
un problema del futuro, es un problema de ahora.

Concord Monitor, 9 de octubre de 2007

Podemos estar científicamente seguros de que nuestro uso
continuo de combustibles fósiles nos está empujando a un
punto de no retorno. Y a menos de que nos liberemos de la
dependencia de estos combustibles fósiles y tracemos un nuevo
curso respecto a la energía en este país, estaremos condenando a
futuras generaciones a una catástrofe global.

Chicago Tribune, 6 de abril de 2006 San Francisco Chronicle,

28 de octubre de 2006

SOBRE LA GLOBALIZACIÓN

A medida que el mundo cambia y nos volvemos más conectados con los demás, la globalización traerá tanto beneficios como trastornos a nuestra vida. Pero de cualquier modo, está aquí, y no va a desaparecer. Podemos tratar de construir paredes a nuestro alrededor, mirar hacia adentro, responder asustándonos y con enojo por estos trastornos. Pero no es así como somos.

Discurso en la ceremonia de graduación, Universidad de Massachusetts en Boston, 2 de junio de 2006

SOBRE EL CONTROL DE ARMAS

Creo en mantener las armas lejos de nuestros barrios marginales, y en que nuestros líderes deben decirlo a los fabricantes de armas. Pero también creo que, cuando un pandillero dispara indiscriminadamente a una multitud porque siente que alguien le faltó al respeto, tenemos un problema de moralidad. No sólo tenemos que castigar a ese hombre por su crimen, además tenemos que reconocer que hay un agujero en su corazón, uno que los programas del gobierno quizás solo no sea capaz de reparar.

The Audacity of Hope [La audacia de la esperanza], página 215

Existen dos tradiciones en conflicto en este país. Creo que es importante que reconozcamos que tenemos una costumbre relacionada con el uso de la propiedad de armas, y muchos ciudadanos obedientes de las leyes las usen para cazar, por deporte, y para proteger a sus familias. También tenemos violencia en las calles que es el resultado del uso ilegal de revólveres. También creo que no hay nada de malo en que una comunidad diga que va a sacar esas armas ilegales de las calles. El problema es que la NRA (*National Riffle Association* [Asociación Nacional del Rifle]) dice que cualquier tipo de regulación es la nariz del camello debajo de la carpa. Pero no creo que allí es donde esté el pueblo norteamericano. Podemos tener una medida de control de armas razonable y considerada que siga respetando la Segunda Enmienda y las tradiciones de la gente.

Politico.com, 11 de febrero de 2008

Sobre el sistema de salud

Como progresistas, creemos en un sistema de salud accesible para todos los norteamericanos y vamos a asegurarnos de que no tengan que elegir entre un plan de salud que lleve al gobierno a la bancarrota y uno que lleve a la bancarrota a las familias. El partido no lanzará simplemente algunos recortes impositivos para las familias que no puedan costear su seguro, sino que modernizará el sistema de salud y dará a cada familia la oportunidad de comprar el seguro a un precio que pueda pagar.

Conferencia anual Take Back America de 2006, 14 de junio de 2006

El proyecto de ley de prescripción de medicamentos presentado por Bush era una pieza legislativa fundamentalmente defectuosa. Tenemos un proyecto que es malo para los contribuyentes y malo para los ciudadanos de la tercera edad. Los contribuyentes son golpeados con una cuenta de medio billón de dólares que originalmente se calculó en trescientos mil millones. Y los ciudadanos mayores tienen un gran agujero en medio de sus beneficios. Lo que haría es decir a los ciudadanos mayores, a través del programa Medicare, que negocien el mejor precio posible por ser compradores en gran volumen.

Debate en el Senado de Illinois, Illinois Radio Network, 12 de octubre de 2004

Ahora es el momento de mantener finalmente la promesa de un sistema de salud económico, accesible para cada uno de los norteamericanos. Si usted tiene un sistema de salud, mi plan reducirá sus primas. Si no lo tiene, podrá obtener el mismo tipo de cobertura que los miembros del Congreso se adjudican.

Discurso de aceptación, Convención Nacional Demócrata, 28 de agosto de 2008

Tenemos que asegurarnos de que estamos alcanzando a la gente con la cobertura para que no vayan a la sala de urgencias. En el corto plazo, esto nos costará algo de dinero. A largo plazo, cuanto más enfaticemos la prevención, menos probable es que paguemos grandes cuentas por el camino. Esta es la única forma en que vamos a obtener el control de la inflación relacionada con el sistema de salud.

CNBC Closing Bell, 27 de marzo de 2008

No somos un país que recompense el trabajo duro y la perseverancia con quiebras y ejecuciones; que permita que los desafíos importantes queden sin resolverse y sin abordarse mientras nuestra gente sufre innecesariamente. En la nación más rica de la tierra, simplemente no es correcto que las ganancias desmedidas de las industrias de seguro farmacéutico sean pagadas por las desmedidas primas que salen de los bolsillos del pueblo norteamericano. Esto no es lo que somos.

"Reducir costos y cubrir a Estados Unidos: un sistema de salud del siglo XXI",
Universidad de Iowa, 29 de mayo de 2007

El problema es que, actualmente, no hay un incentivo financiero para que los proveedores de cuidados médicos ofrezcan servicios que alienten a los pacientes a comer correctamente, hacer ejercicios o realizar chequeos y análisis anuales que ayuden a la detección temprana de enfermedades. La verdadera ganancia hoy se hace tratando enfermedades, no previniéndolas.

"Reducir costos y cubrir a Estados Unidos: un sistema de salud del siglo XXI",
Universidad de Iowa, 29 de mayo de 2007

Sobre Hillary Clinton

Ha librado algunas batallas que, en algunos casos injustamente, han creado una percepción de ella que es diferente a la forma en que yo soy percibido.

Chicago Tribune, 15 de diciembre de 2006

Tengo un concepto muy elevado de Hillary. Cuanto más la conozco, más la admiro. Creo que ella es una de las personas más disciplinadas que he conocido, y una de las más fuertes. Tiene una inteligencia extraordinaria. Y es alguien que está en esto por las razones correctas.

New Yorker, 30 de octubre de 2006

Considero que la senadora Clinton es una funcionaria pública maravillosa, es una persona inteligente, obviamente es una temible competidora. Ya lo he dicho antes, era mi amiga antes de que comenzara esta elección, y será mi amiga después. Obviamente creo que yo sería el mejor presidente, de lo contrario no me estaría postulando.

KDKA, 31 de mayo de 2008

Creo que la senadora Clinton es inteligente y puede ser una eficaz defensora. También pienso que la mayor diferencia entre nosotros es que la senadora Clinton acepta las reglas del juego establecidas. Acepta el dinero del Comité de Acción Política y de los cabilderos. Yo no acepto que la política tenga que ser impulsada por esos intereses especiales y por los cabilderos.

60 Minutes, 7 de febrero de 2008

Tengo un tremendo respeto a Hillary Clinton. Es una líder excepcional en el Partido Demócrata. Se ha ganado su lugar.

Newsweek, 25 de diciembre de 2006

Considero que Hillary es un persona maravillosamente inteligente y capaz. Estoy seguro de que si decide postularse para presidente, será una candidata formidable.

Face the Nation, 12 de marzo de 2006

Sobre la seguridad del país

Respecto a las inspecciones de puertos, actualmente estamos inspeccionando sólo 3% de todas las cargas que llegan. Los terroristas podrían cargar un contenedor y llevarlo directo al medio del circuito de circunnavegación sin un riesgo importante de ser inspeccionados. Nuestras plantas químicas y nucleares siguen careciendo de seguridad, a pesar de lo vulnerables que son. Hay toda una serie de prioridades internas que han sido descuidadas por la Administración Bush.

Debate en el Senado de Illinois, 26 de octubre de 2004

Sobre cómo toma decisiones

Si considero una cuestión o si pienso en cómo es mi enfoque de la campaña, si es consistente con mis valores más amplios y es sólo una cuestión de táctica tomar la mitad de la hogaza, entonces decido por lo que me haga sentir cómodo; es como una especie de naturaleza del proceso. Si es algo que viola mis creencias centrales, entonces, no vale la pena.

Talk of the Nation, 2 de noviembre de 2006

Sobre la política migratoria

Nos corresponde recordar que ningún inmigrante que vino a
Estados Unidos a través de Ellis Island tenía la documentación
adecuada. No todos nuestros abuelos o bisabuelos habrían
calificado para ser inmigrantes legales. Pero vinieron
aquí en busca de un sueño, en busca de esperanza. Los
norteamericanos entienden eso, y están dispuestos a dar una
oportunidad a los que ya están aquí, en la medida en que nos
pongamos serios respecto a asegurar que nuestras fronteras
realmente significan algo. Los inmigrantes de hoy intentan seguir
la misma tradición de inmigración que ha construido a este país.
Nos hacemos y les hacemos un pobre servicio si no reconocemos
las contribuciones de estos individuos. Y no logramos proteger
nuestra Nación si no recuperamos de inmediato el control de
nuestro sistema inmigratorio.

Declaración en el recinto sobre la Reforma Inmigratoria, 3 de abril de 2006

Somos una nación de inmigrantes. Pero si esa gente va a vivir
en este país, tiene que ser colocada en un camino hacia la
ciudadanía que implique que pague una multa, asegurándonos
de que están al final de la línea y no adelantándose a las
personas que hicieron su solicitud legalmente para entrar en
el país. Tenemos que tener sanciones a los empleadores que
realmente puedan aplicarse. Y eso es probablemente lo más
importante que podamos hacer.

Larry King Show, 19 de octubre de 2006

Uno de los componentes centrales de la reforma migratoria es la aplicación, y este proyecto de ley contiene una serie de disposiciones importantes para fortalecer la seguridad de las fronteras. Pero eso no es suficiente. La verdadera aplicación también significa secar la fuente de empleos que alienta la inmigración ilegal. Y eso sólo puede suceder si los empleadores no contratan trabajadores ilegales. Lamentablemente, nuestro actual sistema de aplicación a los empleadores hace poco o nada por impedir que los trabajadores ilegales consigan trabajo. Necesitamos un sistema de verificación electrónica que pueda detectar de un modo eficaz el uso de documentos fraudulentos, reducir significativamente el empleo de trabajadores ilegales, y brindar a los empleadores la seguridad de que su fuerza de trabajo es legal.

Declaración en el recinto sobre la Enmienda a la verificación de empleo,
23 de mayo de 2006

Sobre el juicio político a Bush

[Alguien me preguntó] ¿El presidente no debería ser llevado a juicio por mentir? Bueno, con F.D.R., J.F.K. y L.B.J., tenemos una lista bastante larga de presidentes que quizás no fueron totalmente abiertos con la información de inteligencia antes de ir a la guerra, de modo que sería cauto respecto a hacer un juicio legal contra la Administración.

Chicago Tribune, 5 de diciembre de 2005

Sobre internet

No podemos tener una situación en la cual el duopolio corporativo decida el futuro de internet y esa es la razón por la que estoy apoyando lo que se llama la Neutralidad de red. Y parte del motivo para esto es que compañías como Google y Yahoo no habrían comenzado nunca si no hubieran estado en una posición de fácil acceso a internet y lo hicieron en los mismos términos que las grandes empresas corporativas que estaban interesadas en hacer dinero en internet.

"Neutralidad de Red", programa de Internet, 8 de junio de 2006

Creo que el peligro de los blogs es que sólo estamos hablando con nosotros mismos y con gente que está de acuerdo con nosotros. Eso significa que con el tiempo, sólo reforzaremos nuestros propios preconceptos sin abrirnos a otras ideas y a otros puntos de vista. Una de las cosas que siempre estoy tratando de descubrir es cómo hacer que diferentes blogueros y distintos puntos de vista se comuniquen de manera que sea una conversación y un diálogo, no sólo el alentarse unos a otros.

Discurso en la cena del Partido Demócrata del estado de Ohio,

4 de junio de 2006

Sobre Irán

Mi enfoque respecto a Irán se basará en una diplomacia agresiva. No sacaré de la mesa la opción militar. Pero también creo que en esta Administración, hemos visto que la amenaza empeoró, y pretendo cambiar ese curso. Ha llegado la hora de hablar directamente con los iraníes y dejar sentados términos claros: el fin de su búsqueda de armas nucleares; el cese de su apoyo al terrorismo, y el fin a sus amenazas contra Israel y otros países de la región. Para lograr esta meta, debemos estar preparados para ofrecer incentivos, como la perspectiva de mejores relaciones e integración a la comunidad internacional, así como desincentivos, como la perspectiva de un aumento en las sanciones.

Diario israelí Yedioth Ahronoth, 29 de febrero de 2008

Irán es un caso clásico de algo que nos mordió el tobillo, cuando asistimos al derrocamiento del régimen elegido democráticamente, reemplazado por el Shah.

New Yorker, 15 de enero de 2007

La amenaza de Irán es real, y mi meta como presidente será eliminarla. Terminar la guerra en Irak será un paso importante para lograr esta meta, porque aumentará nuestra flexibilidad y nuestra credibilidad cuando tratemos con Irán. No nos equivocamos, Irán ha sido el mayor beneficiario estratégico de la guerra en Irak, y pretendo cambiar eso.

Diario israelí Yedioth Ahronoth, 29 de febrero de 2008

Es hora de transmitir un mensaje directo a Teherán. Estados Unidos es parte de una comunidad de naciones. Estados Unidos quiere paz en la región. Ustedes pueden abandonar sus ambiciones nucleares y su apoyo al terrorismo y unirse a la comunidad de naciones. O enfrentarán más aislamiento, incluyendo sanciones mucho más estrictas.

"Comentarios del senador Obama: dando vuelta la página en Irak", Clinton, Iowa, 12 de septiembre de 2007

Sobre Irak

No quedan buenas opciones en esta guerra.

Discurso "Un camino hacia adelante en Irak", 20 de noviembre de 2006

No vamos a ser los niñeros de una guerra civil.

The Today Show, 11 de enero de 2007

No me opongo a todas las guerras, me opongo a las que son tontas. Me opongo a las guerras precipitadas e impulsadas ideológicamente, las que se basan en el poder y la política en lugar de en la razón.

Charlie Rose Show, 19 de octubre de 2006

Nuestras tropas pueden ayudar a suprimir la violencia,
pero no pueden resolver las causas de origen. Y todas las
tropas del mundo no serán capaces de forzar a los chiítas,
los sunitas y los kurdos a sentarse a una mesa para que resuelvan
sus diferencias y forjen una paz duradera.

Chicago Tribune, 21 de noviembre de 2006

Es tiempo de devolverles a los iraquíes su país. Creo que aún es
posible conseguir un resultado aceptable para esta guerra larga
y equivocada. Pero tengo que ser honesto, no será fácil.

St. Louis Post-Dispatch, 20 de noviembre de 2006

Nos distrajimos en Irak y acabamos siguiendo un curso que se
basó en una inteligencia defectuosa, en números falseados, en
un ocultamiento de la verdad, y estamos viendo los resultados.

Larry King Show, 19 de octubre de 2006

No va a importar cuántas tropas tengamos allí. Si el pueblo iraquí
no ha asumido la responsabilidad de formar un gobierno que
reconozca la importancia de todas las partes involucradas y, lo más
importante, de asegurar que el aparato gubernamental, el aparato
de seguridad, esté en manos de no sectarios, entonces, nosotros no
vamos a ser capaces de imponer orden en ese país.

Face the Nation, 12 de marzo de 2006

Todavía estamos enredados en una guerra trágica y costosa
que nunca debió hacerse.

Barackobama.com

Si tenemos una reubicación escalonada, en la que seamos tan
cuidadosos para salir como fuimos descuidados al entrar,
entonces, no hay razón por la cual no debamos ser capaces de
impedir la matanza masiva que algunas personas han sugerido.

Politico.com, 11 de febrero de 2008

No conozco a ningún militar experto que diga que un aumento
modesto en los niveles de tropas haga una gran diferencia. Aun
si uno sigue la lógica del aumento de los niveles de tropas,
necesitará cien mil más, ciento cincuenta mil más, órdenes de
magnitud que no poseemos. Veinte mil tropas no van a hacer
diferencia ya.

New Yorker, 15 de enero de 2007

La Administración ha reducido todo el debate sobre la guerra
a dos campos: "Emprender la retirada" o "mantener el
curso". Si uno expresa alguna crítica o siquiera menciona que
deberíamos echar una segunda mirada a nuestra estrategia y
cambiar nuestro enfoque, lo etiquetan de estar entre los que
quieren "emprender la retirada". Si uno está dispuesto a confiar
ciegamente en la Administración sin importar lo que haga, está
dispuesto a mantener el curso.

Chicago Tribune, 23 de noviembre de 2005

Al final, Irak no tiene que ver con el legado de una persona, una campaña política, o la adhesión rígida a una ideología. Lo que está sucediendo en Irak tiene que ver con la seguridad de Estados Unidos. Tiene que ver con nuestros hombres y mujeres uniformados. Tiene que ver con el futuro de Medio Oriente. Con el mundo donde vivirán nuestros hijos.

Discurso en el Consejo de Relaciones Exteriores de Chicago,
22 de noviembre de 2005

Establecemos y enviamos la señal a través de nuestro retiro de tropas de que, de hecho, no somos los únicos responsables de recomponer a Irak, entonces, uno comienza a brindar el espacio para que otras entidades, la comunidad internacional, los poderes regionales, y los iraquíes principalmente, se unan y empiecen a pensar cuál es la solución.

Charlie Rose Show, 19 de octubre de 2006

La Administración Bush ha sido ingenua de principio a fin. Fue ingenuo pensar que íbamos a ser saludados como los libertadores en Irak. Ha sido ingenuo pensar que, de algún modo, esto en realidad disminuiría el reclutamiento de terroristas. De hecho, lo aceleró. La administración Bush ha sido ingenua respecto a cuán difícil ha sido asegurar la paz y a nuestras tropas, mientras que nuestros contribuyentes sufren por esos errores.

Debate en el Senado de Illinois, 26 de octubre de 2004

No es un gran negocio para el próximo presidente asumir el lío en Irak. Pero hay tanta presión en el campo republicano como en el demócrata, porque ambos tienen una genuina preocupación por las tropas, las familias y el presupuesto. No será bueno para los congresistas del partido del presidente si dentro de dos años aún gastamos dos mil millones de dólares en Irak.

New Yorker, 15 de enero de 2007

Para nosotros tiene sentido comenzar un retiro escalonado de las tropas. Creo que es hora de que digamos a los iraquíes que son responsables de su país y que tienen que tomar una decisión respecto a cómo quieren vivir.

Larry King Show, 19 de octubre de 2006

No soy de esas personas que cree cínicamente que Bush entró sólo por el petróleo.

New York Magazine, 2 de octubre de 2006

Tenemos definitivamente una obligación con el pueblo iraquí. Esa es la razón por la que he resistido los reclamos de un retiro inmediato.

New Yorker, 15 de enero de 2007

Todos los norteamericanos desean ver un Irak pacífico y estable. Ningún norteamericano quiere dejar atrás un vacío de seguridad que se llene con terrorismo, caos, limpieza étnica y genocidio. Tampoco ningún norteamericano quiere una guerra sin fin, una guerra en la que nuestros objetivos y estrategias vayan a la deriva sin importar el costo de vidas o los dólares gastados, y que termine con reducciones de tropas arbitrarias por parte de la Administración, impulsada por las encuestas, con el peor de todos los resultados posibles.

Discurso en el Consejo de Relaciones Exteriores de Chicago,
22 de noviembre de 2005

Con todo lo que nuestras tropas y sus familias han sacrificado, con todo lo que esta guerra nos ha costado, sin un final distinguible a la vista, las mismas personas que nos hablaron de que seríamos recibidos como libertadores, como portavoces de la difusión de la democracia en Medio Oriente, capaces de asestar un golpe decisivo contra el terrorismo, enfrentar una insurgencia agonizante... esas mismas personas están ahora proclamando la dispareja y precaria contención de la brutal violencia sectaria como si validara todas sus decisiones equivocadas. La vara para medir el éxito está tan baja y se encuentra casi enterrada en la arena.

"Comentarios del senador Obama: dando vuelta la página en Irak",
Clinton, Iowa, 12 de septiembre de 2007

Permítanme ser claro: no hay una solución militar en Irak, y nunca la hubo. La mejor forma de proteger nuestra seguridad y presionar a los líderes de Irak para que resuelvan su guerra civil es comenzar de inmediato a retirar nuestras tropas de combate. No en seis meses o en un año: ahora.

"Comentarios del senador Obama: dando vuelta la página en Irak", Clinton, Iowa, 12 de septiembre de 2007

En cada etapa de esta guerra hemos sufrido por el desdén de la diplomacia. No hemos traído aliados a la mesa. Nos hemos negado a hablar con la gente que no nos gusta. Y no hemos logrado construir un consenso en la región. Como resultado, Irak es más violento, la región es menos estable, y Estados Unidos está menos seguro.

"Comentarios del senador Obama: dando vuelta la página en Irak", Clinton, Iowa, 12 de septiembre de 2007

SOBRE EL ISLAM

Hay tantas interpretaciones diferentes del islam como hay tantas interpretaciones diversas del cristianismo; así que fijar de algún modo o definir una religión sobre la base de una lectura particular del texto es un error.

Newsweek, 25 de septiembre de 2006

Los líderes, y en particular los líderes religiosos, tenemos que ser conscientes de que hay muchas sensibilidades allá afuera. Ahora, la otra cara es que existen en la comunidad musulmana quienes están buscando ofenderse y están constantemente al acecho de cualquier cosa que pueda indicar que Occidente es de algún modo hostil al islam.

Newsweek, 25 de septiembre de 2006

Creo verdaderamente que para el musulmán árabe o indonesio, para el nigeriano o asiático promedio en la calle, mi familiaridad con su cultura tendría un gran impacto. Pienso que verían a Estados Unidos diferente si yo fuera presidente. Ahora, esto no es sólo simbólico. Esto es algo que podría usarse de un modo constructivo para abrir un diálogo más amplio entre Occidente y el mundo islámico y que en última instancia podría brindarnos más seguridad.

Beliefnet.com, enero de 2008

SOBRE EL HECHO DE AISLARSE

No podemos darnos el lujo de aislarnos, no sólo porque nuestro trabajo respecto a estabilizar Irak no está completo, sino porque nuestros tropiezos en Irak nos han desviado de la amenaza más grande del terrorismo que enfrentamos, una amenaza que sólo podemos enfrentar trabajando internacionalmente, en cooperación con otros países.

Discurso en el Consejo de Relaciones Exteriores de Chicago,
22 de noviembre de 2005

No podemos darnos el lujo de ser un país aislado en este momento. El 11 de septiembre nos mostró que por más que intentemos ignorar al resto del mundo, nuestros enemigos ya no nos ignoran.

Discurso "Un camino hacia adelante en Irak", 20 de noviembre de 2006

Nos arriesgamos a un mayor aumento del sentimiento de aislamiento a menos de que tanto la Administración como el Congreso restablezcan la confianza del pueblo norteamericano en que nuestra política externa está guiada por los hechos y la razón, en lugar de por esperanzas e ideología.

Discurso en el Consejo de Relaciones Exteriores de Chicago,

22 de noviembre de 2005

Sobre Israel

Hay mucha gente en esa área, con muchos intereses y puntos de vista diferentes, y todos tienen que ser tomados en cuenta; no podemos simplemente reunirnos alrededor de Sharon.

New York, 31 de mayo de 2004

Llevaré conmigo a la Casa Blanca un compromiso inquebrantable con la seguridad de Israel y la amistad entre Estados Unidos e Israel. La relación Estados Unidos-Israel está arraigada en intereses compartidos, valores compartidos, historia compartida y una profunda amistad entre nuestros pueblos. Se apoya en un fuerte consenso bipartidario del que estoy orgulloso de formar parte, y trabajaré incansablemente como presidente para mantener y aumentar la amistad entre estos dos países.

Diario israelí Yedioth Ahronoth, 29 de febrero de 2008

[Estados Unidos debería] usar la autoridad moral y la credibilidad norteamericanas para ayudar a alcanzar la paz en Medio Oriente. Nuestro primer compromiso inmutable debe ser con la seguridad de Israel, nuestro único verdadero aliado en Medio Oriente y la única democracia. Debemos ser consistentes y debemos incluir a la Unión Europea y a los estados árabes para que presionen por reformas dentro de la comunidad palestina.

Comunicado de prensa de Renovación del liderazgo norteamericano,
12 de julio de 2004

El fracaso de la Administración Bush en involucrarse de un modo consistente en ayudar a que Israel alcance la paz con los palestinos ha sido a la vez malo para nuestra amistad con Israel, y muy perjudicial para nuestra posición respecto al mundo árabe. No pretendo tener todas las respuestas para este problema desconcertante, y desentrañar las cuestiones involucradas, es un tema adecuado para un discurso aparte. Lo que puedo decir es esto: no sólo debemos ser consistentes, sino que no tendremos éxito a menos de que tengamos la cooperación de la Unión Europea y de los estados árabes para presionar por reformas dentro de la comunidad palestina.

Discurso en el Consejo de Relaciones Exteriores de Chicago,
12 de julio de 2004

SOBRE TEMAS DE GOBIERNO

Los temas nunca son simples. Una cosa de la que estoy orgulloso es que muy rara vez me oirán simplificar los temas.
MSNBC, 25 de septiembre de 2006

En realidad tengo que asegurarme de que todo lo que hago se concentre en la sustancia y en los temas. Si mantengo el foco en eso, tendré mis buenos días y mis malos días, pero al menos siempre sentiré que estoy en terreno sólido.
Chicago Tribune, 24 de febrero de 2006

Muchos de los temas que veo, no son situaciones en las que se deba crear una opción. En cambio, mis percepciones sobre cómo resolvemos problemas en cuestiones de salud o educación se extienden a través de una amplia gama de áreas. Y quiero tratar de capturar esa complejidad.

Chicago Tribune, 26 de octubre de 2006

Trato de describir ambas caras de un tema, porque parte de lo que [*The Audacity of Hope* – La audacia de la esperanza] se ocupa es tratar de descubrir cómo construimos un terreno común. Por lo general si me critican, irónicamente es porque la gente siente que me esfuerzo demasiado por ver todos los puntos de vista.

All Things Considered, 19 de octubre de 2006

Nadie va a estar perfectamente alineado con mis puntos de vista.

Advocate.com, 10 de abril de 2008

Sobre el empleo

Me concentraría en mejorar la financiación de programas y cambiar los códigos fiscales para dar incentivos a las empresas para que se queden en el país en lugar de irse al exterior.

Essence, marzo de 2004

No va a suceder que nosotros le digamos a alguien de cincuenta y cinco años que ha trabajado en una planta de acero toda su vida que de pronto se reentrene para convertirse en un científico informático. Lo que podemos hacer es que digamos: su seguro de salud seguirá disponible aunque haya perdido el trabajo. Vamos a brindarle cierta seguridad social parecida a la de la jubilación, y vamos a proteger los derechos de pensión que haya adquirido.

Charlie Rose Show, 19 de octubre de 2006

Hablamos mucho sobre reentrenamiento. No lo hacemos muy bien, en parte porque los demócratas a veces sospechan demasiado de las soluciones del mercado. La otra cara es que, a veces, los conservadores tienen una tendencia a decir que va a funcionar, la gente se va a dar cuenta. Y en particular, en las comunidades rurales y en los pequeños pueblos a lo ancho de Estados Unidos, necesitan que alguien los vincule con cuáles son los trabajos en crecimiento, cuáles son las oportunidades que hay.

Charlie Rose Show, 19 de octubre de 2006

En este momento tenemos un código fiscal que da incentivos para que las empresas se muden al exterior. En cambio, debemos tener un código fiscal que recompense a las compañías que están haciendo lo correcto invirtiendo en trabajadores norteamericanos e invirtiendo en investigación y desarrollo aquí en Estados Unidos. Nuestro gobierno tiene que estar velando por esta gente que trabaja mucho todos los días y trata de llegar a fin de mes, pero en este momento tenemos un conjunto de políticas que no reflejan eso.

Comunicado de prensa "Crear empleos en Estados Unidos",

21 de junio de 2004

SOBRE JOHN MCCAIN

No creo que se necesite mucha imaginación para descubrir cómo llevarían a cabo esa campaña. "Vivimos en épocas peligrosas. El terrorismo está al acecho. Necesitamos un líder probado en la batalla y ese es John McCain." Creo que así es como lo presentarían.

Chicago Tribune, 15 de diciembre de 2006

John se entusiasma a veces. John ha estado en el Senado durante casi veinte años, es un héroe de guerra, si quiere expresarlo continuamente no hay problema. Creo que tiene buenas intenciones, y los dos queremos ver un buen proyecto de ley [sobre el *lobbying* y la reforma ética]. Le dije a alguien que ahora iba por el Emmy [después de haber ganado un Grammy por el mejor libro en audio]. Va a ser como Mejor Actor en un drama que involucre a John McCain.

Time, 13 de febrero de 2006

La gente ve a John McCain como una *prima donna*. Yo lo considero un modelo a seguir.

Men's Vogue, otoño de 2006

Sobre su discurso de apertura
en la Convención Demócrata de 2004

Me gusta escribir mis relexiones. De modo que tomé la rara
e inteligente decisión de empezar a escribir inmediatamente
después de que me pidieron que diera el discurso. Y, por eso,
en realidad, tuve terminado un borrador antes de que fuera
anunciado públicamente, lo que fue útil, porque si hubiera
sabido que era algo tan importante, me habría puesto nervioso
y me habría bloqueado para escribir.

USA Today, 27 de julio de 2004

No soy un propagandista. Esa no es mi tarea. Mi tarea y mi
intención al dar un discurso como este es tratar de hablar
tan honestamente como pueda sobre lo que veo. Si me siento
limitado o impedido en mis declaraciones a causa de los medios,
de los republicanos o los demócratas, voy a interpretar lo que
digo a través del marco republicano, no voy a pasar mucho
tiempo hablando sobre muchos temas.

The Opinionator, blog del New York Times, 13 de julio de 2006

Sobre su falta de experiencia

La prueba de liderazgo en mi mente no será lo que está en un
currículum de papel.

Chicago Tribune, 15 de diciembre de 2006

Soy lo suficientemente nuevo en la escena política como para servir como una pantalla en blanco en la que personas de diferentes líneas políticas proyecten sus propios puntos de vista. En este sentido, sin duda voy a decepcionar a algunos, si no es que a todos.

The Times of London, 26 de octubre de 2006

En algún punto, la gente tiene que dejar de afirmar que, como no he estado el suficiente tiempo en la liga, no puedo jugar. Es como si Magic Johnson y LeBron James siguieran marcando treinta tantos, y sus equipos ganaran, pero la gente dijera que no pueden liderar sus equipos porque son demasiado jóvenes.

Newsweek, 4 de enero de 2008

He manejado mi puesto en el Senado y he manejado esta campaña. Una de las cosas interesantes respecto a este argumento de la experiencia es que a menudo se plantea sólo en función de la antigüedad: "He estado aquí más tiempo." Hay muchas empresas que han estado dando vueltas más tiempo que Google, pero Google está respondiendo.

60 Minutes, 7 de febrero de 2008

Creo que esta cuestión de la experiencia se responderá durante el curso de la campaña. O al final de esa campaña, la gente dirá: "Se veía bien en los papeles, pero el tipo estaba demasiado verde", o al final de la campaña quizá digan: "Ha llevado a cabo una campaña realmente fuerte y creemos que tiene algo para decir y puede conducirnos."

Chicago Tribune, 15 de diciembre de 2006

Es totalmente legítimo que la gente observe el volumen de mi experiencia y haga preguntas duras y me lleve a atravesar ese proceso. Si decido postularme, al final de ese proceso, la gente me conocerá bastante bien.

Milwaukee Journal Sentinel, 11 de diciembre de 2006

Dick Cheney y Donald Rumsfeld tienen muchísima experiencia.

Vanity Fair, febrero de 2007

Sobre liberales contra conservadores

Cuando comenzamos a dividirnos en conservadores y liberales, obtuvimos una serie de predisposiciones fijadas, así sea respecto al control de armas o al sistema de salud. Cualquier discusión sobre impuestos termina siendo si uno los sube o los baja, en lugar de la pregunta que yo hago: ¿Vamos a subirlos a los individuos de altos ingresos que pueden pagarlos, y bajarlos a la gente de bajos ingresos que realmente necesitan ayuda? Esas viejas categorías no funcionan, y nos impiden resolver problemas.

Politico.com, 11 de febrero de 2008

Sobre su matrimonio

Ella [Michelle] es la mejor amiga, la más inteligente, más fuerte y más divertida que haya podido esperar y siempre ha tenido mi apoyo. Cualquiera que sea la decisión que se tome, lo haremos juntos.

Washington Post, 11 de diciembre de 2006

Barack nunca prometió riquezas, sólo una vida que sería interesante. Y cumplió con esa promesa.

Michelle Obama en The Sunday Times Magazine, 5 de noviembre de 2006

Es importante que cuando esté en casa, me asegure de estar presente. Todavía olvido cosas. Como le gusta decir a Michelle: "Eres un buen hombre, pero sigues siendo un hombre." Dejo los calcetines tirados. Cuelgo los pantalones en la puerta. Ella me hace saber cuando no estoy actuando correctamente. Después de catorce años, me ha entrenado razonablemente bien.

Ebony, febrero de 2007

Ella es mi compañera de vida y tomamos las decisiones juntos. No tiene un verdadero anhelo de estar en el ojo público o estar en política, pero tiene un maravilloso sentido de lo que la gente común, seria, del centro-oeste del país está pensando.

Larry King Show, 19 de octubre de 2006

Le interesa más que yo sea un buen padre y un buen marido, a que sea senador norteamericano.

Como le gusta decir, ella sería mi principal partidaria política, haría llamadas y recaudaría dinero... si fuera su vecino. Ella conduciría mi carro de campaña a presidente si yo estuviera casado con otra persona.

New Yorker, 30 de octubre de 2006

Mi esposa no se impresiona con lo que se dice de mí en la prensa. Se impresiona si saco la basura o llevo a las niñas al parque.

Essence, octubre de 2006

Mi esposa sólo me dice que no lo arruine.

National Review, 27 de julio de 2004

Sobre los medios

Una de las cosas con las que siempre estoy batallando (y he estado en el escenario nacional por un par de años hasta ahora) es la tendencia a autoeditarse tanto, pues en un cierto punto, uno deja de parecer una persona común y comienza a asumir el personaje de esos malos políticos de las películas que pasan en la televisión.

Talk of the Nation, 2 de noviembre de 2006

Todo el mundo tiene una fuerte opinión cuando se trata de la prensa. Mi actitud es dejar que la prensa haga su trabajo.

Hannity & Colmes, 28 de junio de 2006

Estoy sorprendido por el interés de los medios en mí y en mi candidatura. Es un poco exagerado, y no soy alguien que pase mucho tiempo leyendo sus recortes de prensa.

USA Today, 27 de julio de 2004

Uno está en el ojo público y la gente le hace las mismas preguntas una y otra vez, así uno comienza a dar respuestas de memoria. Uno se convierte casi en una caricatura de sí mismo.

San Francisco Chronicle, 26 de octubre de 2006

Tengo una esposa que me baja los humos cada vez que empiezo a creer que lo que están escribiendo sobre mí es verdad.

Toronto Star, 26 de octubre de 2006

Sobre Medio Oriente

Luchemos para asegurarnos que los llamados aliados nuestros en Medio Oriente, los sauditas y los egipcios, dejen de oprimir a su pueblo, de reprimir el disenso, tolerar la corrupción y la desigualdad y manejar mal sus economías, pues por esas razones sus jóvenes crecen sin educación, sin perspectivas, sin esperanza, candidatos ideales para las células terroristas.

Discurso en una manifestación contra la guerra de Irak en Chicago,
26 de octubre de 2002

Dependemos de algunos de los países políticamente más volátiles en Medio Oriente y otras partes para satisfacer nuestras necesidades energéticas. No importa si son democracias en ciernes, regímenes despóticos con intenciones nucleares, o refugios para mentes siniestras que plantan las semillas del terror en las mentes jóvenes. Obtienen nuestro dinero porque necesitamos su petróleo.

Crain's Chicago Business, 4 de septiembre de 2006

Sobre las Fuerzas Armadas

Las operaciones en Irak y Afganistán, y la guerra contra
el terrorismo, han reducido el ritmo de la transformación
militar y han revelado nuestra falta de preparación para
operaciones defensivas y de estabilidad. Esta Administración ha
sobreextendido nuestras fuerzas armadas.

Discurso en el Consejo de Relaciones Exteriores de Chicago,
12 de julio de 2004

Siempre tenemos el derecho de involucrarnos militarmente
en nombre de nuestra propia defensa y por nuestros vitales
intereses nacionales. Así que rechazo una falsa división entre
los que dicen que sólo podemos actuar multilateralmente o que
debemos simplemente ignorar el mundo. Habrá momentos en
los que tengamos que actuar unilateralmente.

Reader Digest, septiembre de 2007

Sobre el salario mínimo

Que el salario mínimo suba cada diez años es una mala idea
y no es bueno para las pequeñas empresas, porque se ven
sacudidas por saltos repentinos, contrario a una alza gradual
que puedan integrar a sus estructuras de costos.

CNBC Closing Bell, 27 de marzo de 2008

Sobre mezclar política y religión

No creo que sea sano que las figuras públicas se guarden la religión en la manga como una forma de aislarse de las críticas o del diálogo con la gente que está en desacuerdo con ellos.

Chicago Sun-Times, 5 de abril de 2004

Aquellos que son religiosos, tienen que traducir sus agendas motivadas por la religión en otras actividades relacionadas con la razón. No es suficiente, si uno está en contra del matrimonio gay o del aborto, decir simplemente: "Dios me dio esa opinión", y luego esperar que otras personas afirmen: "Bueno, está bien, si Dios te está hablando, supongo que tenemos que estar de acuerdo."

Charlie Rose Show, 19 de octubre de 2006

Hoy la fe impulsa tanto a nuestra política que pensé: "Si no hablas sobre cómo la fe nos afecta, te estás perdiendo una gran parte de lo que está pasando políticamente."

Chicago Tribune, 26 de octubre de 2004

No quiero que los demócratas pretendan de pronto que encontraron la religión, si de verdad no lo hicieron.

All Things Considered, 10 de marzo de 2005

Sobre la crisis de las hipotecas

Para evitar ejecuciones, creo que es importante crear algún fondo, algún piso, para dar a la gente una sensación de dónde termina esto. Y por eso soy un sólido partidario de la propuesta que Chris Dodd y Barney Frank han lanzado, consiguiendo que se integrara la FHA (*Federal Housing Administration*; Administración Federal de Viviendas) para ayudar a estabilizar el mercado. No es un rescate para los prestatarios o los prestamistas, sólo dice que vamos a revisar algunos paquetes de préstamos para que se puedan pagar.

CNBC Closing Bell, 27 de marzo de 2008

Hay algunas cosas innovadoras que podemos hacer para ayudar a quienes lo necesitan, y también reconocer que hay algunas personas en el sistema financiero que probablemente merecen castigo por haber tomado malas decisiones. Están obteniendo la enormidad de cien mil millones de dólares, bonificaciones por doscientos millones de dólares y también deberían recibir algunos de los golpes. No queremos rescatarlos a ellos. Por otra parte, la persona común que está en su casa, en parte debido a un préstamo engañoso o debido a que su salario y sus ingresos no han aumentado en los últimos siete años que Bush estuvo en el gobierno, necesita algún alivio.

Lehrer Online News Hour, 17 de marzo de 2008

Debemos proponer un fondo de diez mil millones de dólares para ayudar a las familias que están en su casa, que han sido inducidas a hipotecas que no pueden pagar, pero que están dispuestas a pagar las tasas actuales que tienen. Y creo que es un enfoque que la mayoría de los observadores reconoce: impedirá el riesgo de que los especuladores o los acreedores que hicieron malos préstamos de algún modo sean rescatados.

ABC News, 27 de enero de 2008

Sobre su herencia multirracial

La primera premisa que mi madre me inculcó, y mi padre también sin darse cuenta, fue que todo somos lo mismo.

Discurso en el Aspen Institute, 2 de julio de 2005

Siempre he tenido claro que tengo mis raíces en la comunidad afronorteamericana, pero no estoy limitada a ella.

The Washington Post, 27 de julio de 2004

Soy ciertamente lo suficientemente negro como para tener problemas para conseguir un taxi en la ciudad de Nueva York.

Tavis Smiley Show, 29 de marzo de 2004

Había elementos en la comunidad afronorteamericana que pudieron sugerir: "Bueno, él es de Hyde Park o él fue a Harvard o él nació en Hawái, de modo que tal vez no sea suficientemente negro." Tuve que hacerme un nombre por mi cuenta, pero al hacerme ese nombre, la gente me toma como soy y no me endilga un conjunto de expectativas o conceptos basados en algo que mis padres hicieron.

Chicago Tribune, 26 de junio de 2005

La comunidad afronorteamericana es, por definición, una cultura híbrida. Nos valemos de todos estos elementos diferentes. Pero, mientras crecía en Estados Unidos, he sido identificado como afronorteamericano. Estoy cómodo con esa identificación. Tengo mis raíces en esa cultura y me inspiro en esa tradición.

All Things Considered, 27 de julio de 2004

Soy hijo de un hombre negro de Kenia y de una mujer blanca de Kansas. Fui criado con la ayuda de un abuelo blanco que sobrevivió a la Depresión y sirvió en el ejército de Patton, durante la Segunda Guerra Mundial, y una abuela blanca que trabajó en la línea de montaje de bombarderos en Fort Leavenworth mientras él estaba en el extranjero. He ido a algunas de las mejores instituciones educativas de Estados Unidos y he vivido en una de las naciones más pobres del mundo. Me casé con una norteamericana negra que tiene dentro la sangre de esclavos y de dueños de esclavos, una herencia que pasamos a nuestras dos preciosas hijas. Tengo hermanos, hermanas, sobrinas, sobrinos, tíos y primos de cada raza y de cada color, esparcidos en tres continentes y, mientras viva, nunca olvidaré que en ningún otro país de la Tierra mi historia es siquiera posible.

"Una unión más perfecta", Filadelfia, PA, 18 de marzo de 2008

No puedo renegar [del reverendo Wright] más de lo que puedo renegar de la comunidad negra. No puedo renegar de él más que de mi abuela blanca, una mujer que ayudó a criarme, que se sacrificó una y otra vez por mí, una mujer que me ama tanto como ama todo en este mundo, pero también una mujer que una vez confesó su miedo a los hombres negros que pasaban a su lado en la calle y que, en más de una ocasión, expresó estereotipos raciales o étnicos que me avergonzaron.

"Una unión más perfecta", Filadelfia, PA, 18 de marzo de 2008

Sobre su nombre

Me dijeron: la gente recordará tu nombre y no le gustará. Puedes tener un nombre africano, pero no dos. Puedes ser Barack Smith o Joe Obama... pero no Barack Obama.
Live Your Best Life [Vive tu mejor vida], Oprah Winfrey, página 292

Algunas personas me llaman Alabama.
U. S. News and World Report, 2 de agosto de 2004

Sobre la seguridad nacional

Lo que creo que debería ser un marco de seguridad nacional que nos regrese a lo que hicimos bien después de la Segunda Guerra Mundial, fue lo que Truman, Acheson y George Marshall ayudaron a armar como política de contención y de compromiso con otros países, creando la OTAN, alianzas sólidas y un conjunto de reglas internacionales para el camino que nosotros debemos seguir.
Larry King Show, 19 de octubre de 2006

Desde una postura de seguridad nacional, no hay nada mejor que hacer, por ejemplo, al lidiar con la proliferación de cuestiones en Irán, que bajar el precio del petróleo a veinticinco dólares el barril. Esta decisión es lo mejor para efectuar un cambio y cortarles las piernas a algunos de los impulsos fundamentalistas en Medio Oriente.
New Yorker, 30 de octubre de 2006

Toda democracia se pone a prueba cuando se enfrenta con una amenaza grave. Como nación, debemos encontrar el justo equilibrio entre la privacidad y la seguridad, entre la autoridad ejecutiva que enfrenta las amenazas y el poder descontrolado. Lo que nos protege, y lo que nos distingue, son los procedimientos que llevamos a cabo para proteger ese equilibrio, es decir, las órdenes judiciales y la revisión del Congreso. Estas no son ideas arbitrarias, son garantías concretas que aseguran que la vigilancia no ha llegado demasiado lejos.

Discurso en la confirmación de Michael Hayden, 25 de mayo de 2006

SOBRE LOS PUEBLOS NATIVOS DE NORTEAMÉRICA

Tenemos que tener a alguien no sólo en el *Bureau of Indian Affairs* [Oficina de Asuntos Indios], sino también en la Casa Blanca a quien yo escuche directamente las necesidades de los pueblos nativos, y un compromiso de mi parte de encontrarme al menos una vez al año con los líderes tribales y escuchar directamente sus preocupaciones. La Oficina se ha convertido en una especie de zona estancada, no tiene mucho peso en el gobierno. Quiero poner esto delante y en el centro, porque según todos los indicadores, los pueblos nativos de norteamérica la están pasando peor que la población en su conjunto.

Great Falls Tribune, 6 de abril de 2008

SOBRE COREA DEL NORTE

Sólo porque son agentes estatales eso no significa que no actúen de un modo irracional. No podemos evaluar su proceso de toma de decisiones con precisión, en parte, porque nuestras capacidades de inteligencia han sido totalmente inadecuadas para la tarea, y también debido a la naturaleza de los regímenes. Digan lo que digan de los soviéticos, ellos eran esencialmente conservadores. El régimen norcoreano está impulsado más por la ideología y la fantasía.

New Yorker, 15 de enero de 2007

[Debemos] tratar la amenaza planteada por Corea del Norte. Por negarnos a negociar con ella durante tres años y medio, los expertos creen que dicho país puede estar ahora cerca de tener entre seis y ocho armas nucleares. Debemos insistir de inmediato en una eliminación completa y verificable de la capacidad nuclear del mismo. Involucrarnos en conversaciones bilaterales entre las Seis Partes, y facilitar un programa de reformas que sea más amplio que la desnuclearización para abordar las preocupaciones humanitarias.

Comunicado de prensa "Renovación del liderazgo norteamericano",
12 de julio de 2004

Sobre las armas nucleares

Luchemos para asegurar que los inspectores de las Naciones Unidas puedan hacer su trabajo, y que apliquemos vigorosamente un tratado de no proliferación, y los exenemigos y actuales aliados, como Rusia, garanticen y en última instancia eliminen sus depósitos de material nuclear, y que naciones como Pakistán e India nunca usen las terribles armas que ya tienen, y que los comerciantes de armas dejen de alimentar las numerosas guerras que estallan en todo el planeta.

Discurso en una manifestación contra la guerra de Irak en Chicago,
26 de octubre de 2002

La cuestión de la proliferación nuclear es un área en la que podemos liderar no sólo forzando a Irán y a Corea del Norte a que se retiren, sino también renegociando con Rusia las formas en que podemos reducir nuestros propios arsenales nucleares.

Reader Digest, septiembre de 2007

Sobre su integridad personal

Estoy muy orgulloso de cómo me he conducido durante todo el tiempo que he estado en el servicio público. Mi esperanza sería que la gente dijera: "No es perfecto, pero se hace cargo de sus errores y trata de corregirlos lo más rápido posible."

Washington Post, 17 de diciembre de 2006

Tengo un pase libre porque no estuve sometido a un montón de avisos negativos. Y nadie pensaba que yo iba a ganar. Así que básicamente adquirí el hábito de decir en general lo que pensaba. Y funcionó para mí. Creo que puedo seguir haciendo lo mismo.

New York Magazine, 2 de octubre de 2006

Tomé algunas malas decisiones al principio en mi vida, pero como adulto hice una serie de elecciones de las que estoy muy orgulloso. Llegué a trabajar a favor del pueblo que necesitaba ayuda, a defender a los desposeídos y asumí muchos riesgos cuando un camino confortable se extendía delante de mí. Pienso que mis decisiones durante los últimos veinticinco años muestran a alguien que es capaz de manejar todo lo que le lanzan.

Newsweek, 4 de enero de 2008

En cierto nivel, la salvación individual depende de la salvación colectiva. Es sólo cuando uno se involucra en algo más grande que uno mismo, que nos damos cuenta de nuestro verdadero potencial, del cual el mundo se beneficiará.

Diverse: Issues in Higher Education, 10 de agosto de 2006

Cuando escucho: "Con malicia hacia ninguno, con caridad hacia todos", y veo que lo único que tenemos alrededor es malicia hacia todos y caridad hacia ninguno, me siento frustrado. Hay riesgos en incluir ese tipo de enfoque en un discurso como este porque es un evento para sentirse bien, pero una de las cosas de las que estoy tratando de ser consciente es no comenzar a sentirme tan cómodo o tan reacio al riesgo, que termine sonando como todos los demás.

Chicago Tribune, 26 de junio de 2005

Se debe asumir que cuando emito un voto o hago una declaración, es porque eso es lo que creo. Lo que me molesta es que se asuma que si emito una opinión diferente a la de los demás, signifique que soy menos progresista o que mis metas sean diferentes, que se interprete que no estoy realmente comprometido en ayudar a la gente.

The Nation, 26 de junio de 2006

Sobre sus fortalezas personales

Puedo entrar en una sala, sean negros, blancos, rurales, urbanos, de estados rojos o azules y, después de treinta minutos, los involucro en una conversación en la que dicen: mucho de lo que este tipo está diciendo tiene sentido.

Charlie Rose Show, 19 de octubre de 2006

Y si hablan con mi esposa, ella les dirá que hay veces en que no dejo de lado cosas infantiles; cuando continuamente lucho por elevarme sobre lo egoísta o lo mezquino o lo pequeño.

Discurso en la ceremonia de graduación de la Universidad de Northwestern,
16 de junio de 2006

Me gusta pensar que tengo un mensaje que es útil, me gusta pensar que puedo contribuir, de lo contrario, no habría escrito [*Audacia*]. Está la cuestión de si soy el mensajero adecuado para cualquiera que sea el mensaje. Y eso no es claro también, porque, como cualquiera en política, tengo fortalezas y tengo debilidades, tanto política como sustancialmente.

New Yorker, 30 de octubre de 2006

Soy un autoconfesado tonto de la política.

Chicago Tribune, 20 de marzo de 2005

Tal vez sienta siempre en algún nivel que puedo persuadir a cualquiera con quien hablo.

Time, 20 de febrero de 2006

Estoy seguro de que si me ponen en una habitación con varios individuos, uno negro, otro blanco, un hispano, un republicano, y un demócrata, y me dan media hora, salgo con los votos de la mayoría de las personas. No me siento limitado por la raza, la geografía o el origen para establecer una conexión con la gente.

People Weekly, 25 de diciembre de 2006

El hecho de que conjugo mis verbos y hablo con una voz típica de presentador de noticiero del centro-oeste del país, sin duda ayuda a facilitar mi comunicación con las audiencias blancas. Y no hay duda de que, cuando estoy con una audiencia negra, me deslizo a un dialecto ligeramente diferente. No siento la necesidad de hablar de un cierto modo ante una audiencia blanca. Y no siento la necesidad de hablar de un cierto modo delante de una audiencia negra. Hay un nivel de autoconciencia sobre estos temas que la generación previa tenía que negociar, yo no tengo esa necesidad.

New York Magazine, 2 de octubre de 2006

No creo que la humildad esté en contradicción con la ambición. Me siento muy humilde respecto a lo que no sé. Pero soy muy ambicioso en términos de querer lograr en realidad algún beneficio para la gente de Illinois.

Chicago Tribune, 20 de marzo de 2005

Me siento cómodo en mi propia piel.

Rolling Stone, 30 de diciembre de 2004

SOBRE SU PROGRAMA POLÍTICO

Quiero que se haga realidad el ideal norteamericano de que cada niño de este país tenga una oportunidad en la vida. En este momento, eso no es verdad.

Live Your Best Life [Vive tu mejor vida], Oprah Winfrey, página 293

En los próximos seis años, habrá ocasiones en que la gente se sorprenderá por mis posiciones. No seré tan fácil de categorizar como mucha gente espera.

Chicago Tribune, 20 de marzo de 2005

Mi imagen de progresista no es algo por lo que me preocupe mucho. La gente puede observar los diez años que he estado en política y sacar la legislación que he presentado y observar mis votos y tener una buena sensación de cuáles son mis valores y de dónde vengo. Eso no es algo por lo que me preocupe.

Time, 13 de febrero de 2006

Mi trabajo es inspirar a la gente para que tome posesión de este país. La política no es un negocio. Es una misión. Se trata de hacer que la vida de la gente sea mejor.

Essence, marzo de 2004

Desde su fundación, la tradición política norteamericana ha sido reformista, no revolucionaria. Esto significa que para que un líder político logre hacer cosas, idealmente debe estar delante de la curva, pero no demasiado adelante. Quiero extender los límites, pero estar seguro de que tengo suficiente gente conmigo para no volverme políticamente impotente.

Harper's, noviembre de 2006

Sobre las campañas políticas

No sé usted, pero no se supone que la guerra contra el terrorismo surja justo entre septiembre y noviembre en los años pares. Ese parece ser el patrón.

Salon, 18 de septiembre de 2006

No me presentaría si no pensara que puedo ganar.

Chicago Tribune, 15 de diciembre de 2006

Tenemos un proceso electoral largo y riguroso y, si llegara a decidirme a participar, tengo confianza en que podré seguir el ritmo bastante bien.

Sunday Times Magazine, 5 de noviembre de 2006

Los demócratas seguirán peleando. Hay al menos ocho demócratas postulándose para la presidencia. Eso significa que tienen un incentivo para no unirse en torno a una estrategia, sino para distinguirse, para separarse de la manada. De modo que diría que vamos a tener una temporada curiosa por delante.

New York Magazine, 2 de octubre de 2006

Soy una figura pública y no habría entrado en la vida pública si no hubiera estado interesado en dar forma al debate y hacerlo avanzar.

New Yorker, 30 de octubre de 2006

Cuando observo lo que ocurrió en mi campaña, la capacidad de internet para hacer correr la voz de un candidato que no era tan conocido fue fundamental.

Cena del Partido Demócrata del estado de Ohio, 4 de junio de 2006

SOBRE SU CARRERA POLÍTICA

Lo que funcionó para mí fue la capacidad de ser fiel a un conjunto de valores progresistas, ser ecléctico en términos de las herramientas para alcanzar esos valores. No ser ortodoxo. Estar dispuesto a conseguir buenas ideas de todas partes.

Washington Post, 11 de diciembre de 2006

Yo no fui una de esas personas que a los cinco años se dice: "Voy a ser senador de los Estados Unidos." La motivación para mi trabajo ha estado más arraigada a la necesidad de estar a la altura de ciertos valores que me inculcó mi madre, y descubrir cómo conciliar esos valores con un mundo que está hecho pedazos por la clase, la raza y la nacionalidad. Por eso supongo que, en ocasiones, he tenido que empujarme o he sido empujado al servicio público, no siempre por pensar que era divertido o era preferible sentarse y mirar un juego de pelota, sino porque sentí que era necesario.

Men's Vogue, otoño de 2006

Mi trabajo no es representar a Washington ante ustedes, sino representarlos a ustedes ante Washington.

Oprah Winfrey Show, 18 de octubre de 2006

La razón por la que estoy involucrado en política en este momento no es porque quería ser J.F.K., es debido al movimiento de derechos civiles. Pienso en todas esas mujeres sin nombre que marchaban por la libertad y no tomaban el autobús cuando regresaban a su casa después de trabajar todo el día lavando la ropa de otros. Para mí, eso encarna lo mejor del espíritu norteamericano, y ese es el estándar por el que me mido.

All Things Considered, 27 de julio de 2004

Tengo la ilusión de que toda la gente del estado de Illinois está de acuerdo conmigo en todas mis posiciones.

Discurso en la noche de elecciones, 2 de noviembre de 2004

Sobre los partidos políticos

Hoy la brecha más grande en la afiliación a los partidos entre los norteamericanos blancos no es entre hombres y mujeres, o aquellos que residen en los llamados estados rojos y los que residen en los azules, sino entre quienes asisten con regularidad a la iglesia y los que no.

Discurso de Apertura de la Conferencia Call to Renewal [Llamado a la Renovación], 28 de junio de 2006

Un partido parece estar defendiendo un *statu quo* moribundo, y el otro está defendiendo una oligarquía. No es una opción muy atractiva.

Newsweek, 27 de diciembre de 2004

Los republicanos tendrán que reconocer nuestras responsabilidades colectivas, así como los demócratas reconocer que debemos hacer más que sólo defender viejos programas.

Discurso en la ceremonia de graduación, Knox College, 4 de junio de 2005

SOBRE EL PASADO DE UN POLÍTICO

Soy muy cauto al atribuir mucho peso a declaraciones hechas hace veinte o treinta años. No creo que sea una indicación automática de lo que él piensa ahora.

Chicago Tribune, 5 de diciembre de 2005, respecto a la nominación del juez Samuel Alito a la Corte suprema

SOBRE LA POLÍTICA

La única sensación que uno tiene es que se producirá una transición política a nivel nacional, en la cual la gente tratará de liberarse de algunas de las profundas divisiones entre conservadores y liberales.

Newsweek, 25 de septiembre de 2006

Nuestra política en su mejor expresión implica que nos reconozcamos en los otros. Y nuestra política en su peor expresión es cuando vemos a inmigrantes o mujeres o negros o gays o mexicanos como algo separado, alejado de nosotros.

Chicago Tribune, 26 de octubre de 2006

A veces siento como si la gente estuviera sólo distorsionando lo que digo para anotarse unos miserables puntos políticos. Eso hace que uno se sienta frustrado, cansado o, en ocasiones, enojado. Por eso trato de no actuar así con otras personas.

Beliefnet.com, enero de 2008

Si la gente está prestando atención, entonces tenemos un buen gobierno y un buen liderazgo. Y cuando nos ponemos perezosos y comenzamos cívica y democráticamente a tomar atajos, entonces el resultado es un mal gobierno y una mala política.

Newsweek, 25 de septiembre de 2006

El mayor problema en política es el miedo a perder. Es algo muy público, que la mayoría de la gente no tiene que atravesar.

New Yorker, 30 de octubre de 2006

Si uno hace un discurso político lo suficientemente negativo, más gente se volverá cínica y dejará de prestar atención. Eso deja más espacio para que los intereses personales persigan sus agendas, y así es como terminamos con compañías farmacéuticas que dictan la política de medicamentos, empresas de energía que dictan la política energética y multinacionales que dictan la política comercial.

New Yorker, 31 de mayo de 2004

No es la magnitud de nuestros problemas lo que más me preocupa. Es la pequeñez de nuestra política. Estados Unidos ha enfrentado grandes problemas, pero hoy, nuestros líderes en Washington parecen incapaces de trabajar juntos de un modo práctico, guiado por el sentido común. La política se ha vuelto tan amarga y tan partidaria, tan trabada por el dinero y la influencia, que no podemos abordar los grandes problemas que exigen solución.

Barackobama.com, 16 de enero de 2007

Existe la sensación de que algunos de mis colegas simplemente se sienten atrapados por la rigidez y la naturaleza inflexible de la política partidaria en Washington. Un par de senadores han bromeado sobre cómo se han quedado rígidas sus muñecas porque tuvieron que votar "no" a todo.

Chicago Tribune, 20 de marzo de 2005

Lo que tenemos ahora es una cantidad excedente de conflicto fabricado. Se fabrica en los comerciales de televisión, se fabrica en términos de cómo los partidos se presentan a sí mismos. Parece no haber ningún corte en la campaña perpetua. Y por eso nunca nos sentamos y gobernamos de verdad.

Charlie Rose Show, 19 de octubre de 2006

La sensación más gratificante en política es cuando uno alcanza ese punto óptimo en el que todos llegan a la conclusión de que la ley que se acaba de aprobar funciona y mejorará las cosas, y todos en todas las líneas partidarias tienen que confesar que estamos probablemente mejor con esa decisión que sin ella.

New Yorker, 30 de octubre de 2006

SOBRE SU POPULARIDAD

Siempre es difícil salirse de uno mismo y saber a qué está reaccionando la gente. Parte de esto es sólo cuestión de suerte.

Newsweek, 25 de septiembre de 2006

No estaría aquí si hubiera sido 1984 o 1988. Si estoy en la tapa de *Ebony*, no es por mí. Es porque todo un grupo de gente hizo el trabajo para ponerme ahí.

The Sunday Times, 14 de enero de 2007

Siempre he sospechado de nuestra cultura de las celebridades. Y ahora me encuentro en esta extraña posición en la que formo parte de ella y, hasta cierto punto, me beneficio de ella. Damos vuelta en torno de lo nuevo y lo novedoso, y apilamos historia tras historia encima de los individuos, hasta que perdemos de vista de quién estamos hablando. Y si uno se queda absorbido en eso, pierde de vista de quién se está hablando.

New Yorker, 30 de octubre de 2006

Andy Warhol dijo que todos tenemos nuestros quince minutos de fama. Yo he tenido ya una hora y media. Estoy tan sobreexpuesto que estoy haciendo que Paris Hilton parezca una ermitaña.

Sunday Times Magazine, 5 de noviembre de 2006

Es halagador obtener mucha atención, aunque debo decir que es desconcertante. Creo hasta cierto punto que me he convertido en una imagen, símbolo o representante de un espíritu que se manifestó en la última elección en New Hampshire. Es un espíritu que dice que estamos buscando algo diferente, que queremos algo nuevo.

Irish Times, 12 de diciembre de 2006

Existe esta extraña confluencia de eventos que está haciendo posible todo esto. Pero mi experiencia en este tipo de cosas es: lo que sube, debe bajar.

Washington Post, 27 de julio de 2004

Dado todo el despliegue publicitario que rodea mi elección, espero que la gente haya percibido que estoy aquí para hacer el trabajo y no sólo para ir tras las cámaras. El beneficio colateral es que le gusto realmente a la gente. No soy una *prima donna*.

Chicago Tribune, 20 de marzo de 2005

Creo que hay gran hambre de cambio en el país y no sólo de un cambio político. También creo que están buscando una transformación en el tono y un regreso a cierta noción de bien común y cierto sentido de cooperación, de pragmatismo por encima de la ideología. Soy un representante de esos deseos en este momento.

U. S. News & World Report, 8 de enero de 2007

Soy la moda del momento. Esta es una cultura de las celebridades, y esa cultura tiene que alimentarse.

San Francisco Chronicle, 26 de octubre de 2006

Tengo una celebridad que es inmerecida y un poco exagerada en relación con el poder real que tengo en esta ciudad.

All Things Considered, 10 de marzo de 2005

Sobre el gasto del
"barril con carne de cerdo"

El cerdo está en el ojo del observador. Los receptores no
tienden a pensar que es cerdo, en especial, si se trata de un gran
proyecto de obras públicas.

Harper's, noviembre de 2006

Sobre la presidencia

Ese es el poder de la presidencia al que no veo que se use lo
suficiente. La capacidad de explicar al pueblo norteamericano,
en términos sencillos, directos: estas son las opciones que
tenemos. El mayor problema que tenemos en nuestra política
—y nuestras campañas imponen esto a los candidatos— es
mentir sobre las decisiones que debemos tomar. Y ofuscar y
engañar. Y por eso para cuando la persona llega, la gente ya
está preparada para la decepción.

New Yorker, 30 de octubre de 2006

No estoy seguro de que alguien esté listo para ser presidente,
antes de ser presidente.

Meet the Press, 22 de octubre de 2006

Estados Unidos está listo para dar vuelta la página. Está listo para una nueva clase de desafíos. Este es nuestro tiempo. Una nueva generación está preparada para liderar.

Washington Post, 11 de diciembre de 2006

La gente que está lista es gente que se mete en esto comprendiendo la seriedad de su trabajo y es capaz de combinar visión y capacidad de juicio. Tener conocimientos es importante. Soy una de esas personas —probablemente no encajaría con la Administración— que cree realmente que estar informado es una buena base para la política.

New Yorker, 30 de octubre de 2006

Mi actitud respecto a algo como la presidencia, es que usted no quiere ser solamente el presidente. Uno quiere cambiar el país. Uno desea hacer una contribución única. Uno quiere ser un gran presidente.

Men's Vogue, otoño de 2006

Una de las cosas más importantes que puede hacer un nuevo presidente, es esencialmente descubrir cuál es la versión actualizada del orden posterior a la Segunda Guerra Mundial estructurado por Truman y Acheson, y Marshall y Kennan: ¿cómo es? ¿Cuál es nuestra estrategia de seguridad nacional?

New Yorker, 30 de octubre de 2006

SOBRE EL PRESIDENTE GEORGE W. BUSH

Todos recordamos que George Bush dijo en la campaña del 2000 que estaba en contra de la construcción de naciones. Sólo que no sabíamos que estaba hablando de esta.

Discurso al Partido Demócrata de Nebraska, 14 de junio de 2006

No creo que George Bush sea un hombre malo. Es sólo que los [republicanos] creen en diferentes cosas.

New York Times, 18 de septiembre de 2006

Lo considero en realidad una persona decente. Es una persona encantadora.

Charlie Rose Show, 19 de octubre de 2006

Respuestas directas a preguntas fundamentales. Eso es lo que no tenemos en este momento.

Washington Post, 23 de noviembre de 2005

Mi impresión es que una de las fortalezas del presidente es que es extremadamente sincero. Y creo que siente genuinamente que está haciendo lo correcto. No creo que vea hipocresía en sus acciones. Creo que en su mente existe cierta consistencia.

All Things Considered, 10 de marzo de 2005

Es demasiado simple decir que esta Administración no se preocupa por la gente negra. Creo que es totalmente preciso decir que las políticas de esta Administración no toman en cuenta la difícil situación de la gente pobre en comunidades pobres, y éste es un reflejo trágico de esa indiferencia, pero también tengo que decir que es una indiferencia no exclusivamente partidaria.

Chicago Tribune, 11 de septiembre de 2005

Esta ha sido la Administración más ideológica en mi vida, incluso más que la Administración de Reagan. La Administración de Reagan, a pesar de la retórica, podía ser pragmática.

U. S. News & World Report, 8 de enero de 2007

Ahora, permítanme decir: no creo que George Bush sea un hombre malo. Creo que ama a su país. No creo que esta Administración esté llena de personas estúpidas, pienso que hay mucha gente inteligente allí. El problema no es que su filosofía no esté funcionando como se suponía, el problema es que sí lo está. Está saliendo exactamente como se suponía.

Discurso, 14 de junio de 2006, en la Conferencia Take Back America

Esta ha sido probablemente la Administración más impulsada por la ideología que recuerde. Y estoy tratando de recordar... no sé cuán lejos tendría que ir para encontrar una, una combinación de Cámara de Representantes, Senado y Casa Blanca, que haya sido tan obstinada para resistir los hechos, las opiniones en disenso, el compromiso. Todo se basa en un conjunto de nociones preconcebidas que ignoran cualquier realidad e información que les llega. Creo que esta Administración ha hecho un gran daño a este país.

New Yorker, 30 de octubre de 2006

Tenemos una Administración que cree que el papel del gobierno es proteger a los poderosos de los indefensos.

New Yorker, 31 de mayo de 2004

Tenemos que recuperar el sueño norteamericano. Y eso comienza con recuperar la Casa Blanca de manos de George Bush y Dick Cheney. Estamos cansados de los recortes impositivos para los ricos que trasladan el peso a las espaldas de los trabajadores. Estamos cansados de esperar diez años para que suba el salario mínimo, mientras que el pago de los CEO está escalando. Estamos cansados de que más norteamericanos vivan sin seguro de salud, de que más norteamericanos caigan en la pobreza, de que más jóvenes norteamericanos tengan la inteligencia y el impulso para ir a la universidad —pero no pueden— porque no pueden costearla. Estamos listos para que la Administración Bush termine, porque estamos hartos y cansados de estar hartos y cansados.

"Comentarios del senador Barack Obama: reivindicando el sueño norteamericano", Bettendorf, Iowa, 7 de noviembre de 2007

Estados Unidos es la suma de nuestros sueños. Y lo que nos une, lo que nos hace una familia norteamericana, es que nos ponemos de pie y luchamos por los sueños del otro, que reafirmamos esa creencia fundamental —soy el cuidador de mi hermano, soy el cuidador de mi hermana— a través de nuestra actividad política, de nuestras políticas concretas y en nuestras vidas cotidianas.

"Comentarios del senador Barack Obama: reivindicando el sueño norteamericano", Bettendorf, Iowa, 7 de noviembre de 2007

Pero ya por demasiado tiempo, este espíritu de "sí se puede hacer" ha sido ahogado por un gobierno del "no se puede", que al parecer piensa que no tiene ningún papel en resolver los grandes desafíos nacionales o en congregar a un país en torno a una causa.

Discurso "Asegurando nuestro futuro energético", 15 de septiembre de 2005

[El presidente] podría sacar la política de Irak de una vez y para siempre si saliera en televisión y dijera simplemente al pueblo norteamericano: "Sí, cometimos errores." Imaginen que hiciera eso, cómo transformaría la política de nuestro país.

Chicago Tribune, 23 de noviembre de 2005

Pienso que Bush fue sincero, y es sincero respecto a su deseo de mantener un Estados Unidos fuerte, pero hay una firmeza en este proceso que ha colocado a nuestro país en una posición muy difícil. Es consecuencia de esa firmeza que no hayamos creado el tipo de marco internacional que habría permitido el éxito una vez que hubiéramos decidido entrar. Pienso que esta Administración es sincera, pero creo que está equivocada.

Meet the Press, 25 de julio de 2004

SOBRE EL PRESIDENTE QUE SERÍA

Al respecto pienso: sea por la suerte, la casualidad, el hallazgo inesperado o las convergencias entre mi biografía y los hechos, ¿tengo una capacidad particular para congregar a este país en torno de una agenda pragmática, de sentido común para producir un cambio que probablemente tenga en él un elemento generacional también?

Chicago Tribune, 15 de diciembre de 2006

Me gustaría ser de verdad un gran presidente. Luego me preocuparía por todas las otras cosas. Porque hay muchos presidentes mediocres o malos.

New York Magazine, 2 de octubre de 2006

No estaría en esta carrera si no creyera que puedo sacar al país del atasco político que nos ha caracterizado durante más de los últimos seis años, que nos ha caracterizado la última década y media.

Readers Digest, septiembre de 2007

Sobre las primarias

Ir contra la máquina de Clinton no es ningún pan comido. Son bastante serios respecto a ganar. Puede jugar duro. Y no hay nada de malo en eso. No hay duda de que habrá intentos de parte del Partido Republicano de satanizarme en una elección general. Pero es mucho más difícil de lograr. No comienzo con 47% del país pensando que no van a votar por mí.

60 Minutes, 7 de febrero de 2008

Habría sido ingenuo de mi parte pensar que podía postularme y terminar con el estatus de casi favorito en una elección presidencial, al ser potencialmente el primer presidente afronorteamericano, y que las cuestiones racionales no surgirían, así como la senadora Clinton no podía esperar que las cuestiones de género no surgieran.

Lehrer Online News Hour, 17 de marzo de 2008

Una de las reglas que dejé sentada bien al principio de esta campaña fue que seremos competidores feroces, pero que tendremos algunas reglas básicas. Y para mí una de ellas es que luchamos por diferencias políticas. Y si hacemos un contraste entre la senadora Clinton y yo, éste se basa en hechos, no vamos a fabricar cosas. No vamos a tratar de distorsionar o de torcer posiciones políticas.

60 Minutes, 7 de febrero de 2008

Trato de medir si lo que digo es justo viendo cómo se tomarían mis palabras si estuviera del otro lado como oyente. Y, sabe, hay una serie de personas... ha habido una cantidad de veces en que he sido criticado durante el curso de esta campaña. Y me digo: Bueno, esta es una crítica justa en el sentido de que puedo estar en desacuerdo con la crítica, pero es sustantiva y hay una diferencia de opinión legítima.

Beliefnet.com, enero de 2008

Sobre la privacidad

Los norteamericanos hicieron una revolución en parte por el derecho a no estar sometidos a búsquedas irrazonables, para asegurar que nuestro gobierno no podía llegar en medio de la noche a golpearles la puerta sin razón. Tenemos que encontrar la forma en que podamos detener a los terroristas al mismo tiempo que protegemos la privacidad y la libertad de los norteamericanos inocentes.

Discurso en la confirmación de Michael Hayden, 25 de mayo de 2006

SOBRE LA RAZA

[Eventualmente] el mundo se verá más como Brasil, con su mezcla racial. Estados Unidos se está volviendo más complejo. La línea de color en Estados Unidos entre ser blanco y ser negro está descartada. Eso tira abajo barreras.

Crisis, octubre de 2005

[Los candidatos que no son blancos tienen] un umbral más alto para establecerse entre los votantes.

Milwaukee Journal Sentinel, 11 de diciembre de 2006

Uno no vota por alguien por la forma en que se ve. Se vota por aquello que representa.

Irish Times, 4 de noviembre de 2006

El problema no es que las cosas no han mejorado. El problema es que no son lo suficientemente buenas, y todavía tenemos mucho trabajo que hacer.

Talk of the Nation, 2 de noviembre de 2006

¿La raza sigue siendo un factor en nuestra sociedad? Sí. No creo que nadie niegue eso. ¿Va a ser un factor determinante en una elección general? No, porque tengo absoluta confianza en que lo que el pueblo norteamericano está buscando es alguien que pueda resolver sus problemas.

Fox News Sunday, 27 de abril de 2008

No soy alguien que use la raza para anotarse puntos políticos... en realidad soy justo lo opuesto. Las cosas que hago no tienen que ver sólo porque soy negro; esperaría que cualquier senador en mi posición hiciera lo mismo.

Chicago Tribune, 26 de junio de 2005

No tengo dudas de que hay algunas personas que no votarán por mí porque soy negro. También habrá algunas personas que no votarán por mí porque soy joven, porque tengo orejas grandes... o no les gusta mi filosofía política.

US News & World Report, 15 de febrero de 2008

[Vivir en Indonesia] me hizo dar cuenta de que el racismo era una extensión de otros abusos de poder. Viviendo allí uno aprende que la gente puede encontrar otras excusas además de la raza para oprimir al otro.

Crisis, octubre de 1995

Fue hace sólo tres o cuatro años cuando, si estaba parado fuera de un restaurante esperando mi coche, la gente me tiraba las llaves.

Charlie Rose Show, 19 de octubre de 2006

No quiero que la gente simule que no soy negro o que de algún modo no es relevante.

Sunday Times Magazine, 5 de noviembre de 2006

Cuando uno observa a alguien como el reverendo Wright, que creció en los cincuenta y sesenta, debe notar que su experiencia sobre la raza en este país es muy diferente de la mía.

Lehrer Online News Hour, 17 de marzo de 2008

El tema de la raza actualmente tiene más que ver con la riqueza y la clase. Eso no quiere decir que no haya discriminación o parcialidad. Pero creo que si la gente piensa que podemos ayudarla, sea en los negocios o en la política, pueden mirar más allá del color.

Essence, octubre de 2006

La raza es un factor vigente y enorme en la vida norteamericana. Siempre lo ha sido. Es una especie de mancha fundamental en la vida norteamericana. Lo que también es verdad es que habitualmente el pueblo norteamericano es más decente que lo que mucha gente piensa. Aun cuando surgen conflictos, uno a veces tiene la sensación de que están ocupados, de que están cansados, de que están estresados.

Who's Afraid of a Large Black Man? [¿Quién teme a un gran hombre negro?],
Charles Barkley, página 19

Durante el curso de esta campaña hubo momentos en los que la gente dijo: Bueno, me gusta Barack Obama, pero no Al Sharpton. Me gusta Colin Powell, pero no Jesse. Me gusta Oprah, pero, sabe, los que somos afronorteamericanos no tenemos ese lujo. No tengo el lujo de apartarme y ser selectivo en términos de lo que significa ser afronorteamericano en esta sociedad. Es una cosa grande, compleja. No monolítica.

ABC News, 19 de marzo de 2008

Debemos recordar que muchas de las disparidades que existen en la comunidad afronorteamericana actual, pueden localizarse directamente en las desigualdades transferidas de una generación anterior que sufrió bajo el brutal legado de la esclavitud y de Jim Crow.

"Una unión más perfecta", Filadelfia, PA, 18 de marzo de 2008

La mayoría de los trabajadores norteamericanos blancos, de clase media, no sienten que hayan sido particularmente privilegiados por su raza. Su experiencia es la del inmigrante: en lo que respecta a ellos, nadie les ha dado nada, han construido desde cero. Han trabajado mucho toda su vida, muchas veces sólo para ver que sus empleos se iban al exterior o su pensión iba a parar a la basura después de toda una vida de trabajo.

Están ansiosos por su futuro, y sienten que sus sueños se están escabullendo; en una época de salarios estancados y competencia global, la oportunidad pasa a ser vista como un juego de suma cero, en el que los sueños del otro se realizan a mis expensas. Así sienten cuando les dicen que manden a sus hijos en autobús a una escuela que está en el otro extremo de la ciudad; cuando se enteran de que un afronorteamericano tiene una ventaja para conseguir un buen trabajo o un lugar en una buena universidad debido a una injusticia que ellos nunca cometieron; cuando les dicen que sus miedos respecto al crimen en los vecindarios urbanos son de algún modo prejuiciosos, el resentimiento se acumula con el tiempo.

"Una unión más perfecta", Filadelfia, PA, 18 de marzo de 2008

Sobre la recesión

Parte de la razón por la que estamos en recesión es porque tenemos una economía desequilibrada. Fíjese, Henry Ford fue el primero que dijo: "Si no pago a mis trabajadores lo suficiente para que compren mis autos, mi negocio no va a sobrevivir mucho tiempo." Y cuando perdemos ese equilibrio, lo que termina sucediendo es que, en el corto plazo, hay algunas personas que son muy exitosas en eso.

CNBC Closing Bell, 27 de marzo de 2008

Sobre la religión

Cuando ignoramos el debate sobre lo que significa ser un buen cristiano, un buen musulmán o un buen judío; cuando hablamos de religión sólo en el sentido negativo de dónde o cómo no debería practicarse en lugar de pensar en el sentido positivo de lo que nos dice sobre nuestras obligaciones hacia el otro; otros llenarán el vacío, aquellos con las visiones más cerradas de la fe, o aquellos que usan cínicamente la religión para justificar sus fines partidarios.

Discurso de Apertura de la Conferencia Call to Renewal [Llamado a la Renovación], 28 de junio de 2006

En un momento en que la imagen con demasiada frecuencia triunfa sobre la sustancia, cuando nuestra política con demasiada frecuencia alimenta la división en lugar de servir de puente, cuando las perspectivas de los jóvenes pobres de salir de la miseria parecen no importar a los poderosos y cuando evocamos a nuestro Dios común para condenar a aquellos que no piensan como nosotros, en lugar de buscar la piedad de Dios por nuestra falta de comprensión... en un momento así es útil recordar a este hombre que fue lo real.

Chicago Tribune, 26 de junio de 2005

No crecí en un hogar religioso. Hablo de mi madre, que fue una antropóloga y bien se sabe del modo que me llevaba a la iglesia cada tanto y luego me llevaba al monasterio budista, y luego me llevaba a una mezquita. Su actitud era que la religión era fascinante y una expresión de los intentos humanos de comprender los misterios de la vida.

Charlie Rose Show, 19 de octubre de 2006

Dije que si se supusiera que fuéramos perfectos, todos estaríamos en problemas. Así que confiamos en la misericordia y la gracia de Dios para salir adelante.

Chicago Tribune, 20 de marzo de 2005

Veo la fe más como un consuelo para los afligidos o como una protección contra la muerte. Es un agente activo y palpable en el mundo. Es una fuente de esperanza.

Chicago Tribune, 29 de junio de 2006

Creo que tenemos que admitir la posibilidad de que no siempre tenemos la razón, de que nuestra fe particular quizás no tenga todo el monopolio de la verdad, y que tenemos que ser capaces de escuchar a los otros. Pienso que una de las tendencias que vemos ahora, y que creo está causando tanto dolor político a nivel nacional e internacional, es que el absolutismo se ha convertido en una especie de moda actual.

Newsweek, 25 de septiembre de 2006

SOBRE LOS REPUBLICANOS

Creo que es maravilloso que el Partido Republicano haya descubierto a la gente negra.

Irish Times, 4 de noviembre de 2006

La razón por la que no creen que el gobierno tenga un papel en resolver los problemas nacionales es porque piensan que el gobierno es el problema.

Conferencia anual Take Back America de 2006, 14 de junio de 2006

Ronald Reagan cambió la trayectoria de Estados Unidos de un modo como no lo hizo Richard Nixon, y de un modo como no lo hizo Bill Clinton. Comprendió lo que la gente ya sentía, que deseaba claridad, optimismo, volver a esa sensación de dinamismo y de espíritu empresarial que se había perdido.

ABC News, 27 de enero de 2008

SOBRE EL REVERENDO JEREMIAH WRIGHT

El reverendo Wright, con todas sus buenas cualidades, es alguien con quien he tenido fuertes desacuerdos durante mucho tiempo, pero también es quien me ayudó a introducirme en la fe cristiana. Es quien nos casó a Michelle y a mí. Él bautizó a nuestras hijas.

ABC News, 19 de marzo de 2008

Está condenando al racismo blanco, como lo define, pero él no es la raza blanca. No está sugiriendo que los negros son superiores. Dice que el racismo blanco es endémico en la sociedad. Ahora, eso es algo con lo que no estoy de acuerdo. Es reflejo de un enojo y una amargura que es parte de la experiencia de la comunidad negra. Es un legado que no va a desaparecer pronto. Pero en cada nueva generación, con un poco de suerte, pierde fuerza.

ABC News, 19 de marzo de 2008

¿Lo reconozco como un crítico en ocasiones feroz de la política norteamericana a nivel nacional e internacional? Por supuesto. ¿Alguna vez lo oí hacer comentarios que podrían ser controvertidos mientras estaba sentado en la iglesia? Sí. ¿Estuve totalmente en desacuerdo con muchos de sus puntos de vista políticos? Absolutamente... del mismo modo que estoy seguro de que muchos de ustedes han oído comentarios de sus pastores, sacerdotes o rabinos con los cuales han estado totalmente en desacuerdo.

"Una unión más perfecta", Filadelfia, PA, 18 de marzo de 2008

Los comentarios del reverendo Wright no fueron sólo incorrectos sino también divisivos, divisivos en un momento en que necesitamos unidad; cargados racialmente en un momento en que necesitamos unirnos para resolver un conjunto de problemas monumentales: dos guerras, una amenaza terrorista, una economía en declive, una crisis crónica del sistema de salud y un cambio climático potencialmente devastador; conflictos que no son blancos ni negros ni latinos ni asiáticos, sino que son problemas que enfrentamos todos.

"Una unión más perfecta", Filadelfia, PA, 18 de marzo de 2008

El hombre que conocí hace más de veinte años es un hombre que me ayudó a introducirme en la fe cristiana, un hombre que me habló de nuestra obligación de amarnos unos a otros; de cuidar al enfermo y levantar al pobre. Es un hombre que sirvió a su país en el cuerpo de Marines; que ha estudiado y dado clases en algunas de las más prestigiosas universidades y seminarios en el país, y que durante más de treinta años lideró una iglesia que sirve a la comunidad haciendo el trabajo de Dios aquí en la Tierra: dando albergue a los que no tienen techo, asistiendo a los necesitados y llegando a los que sufren de VIH/sida.

"Una unión más perfecta", Filadelfia, PA, 18 de marzo de 2008

Sobre el papel del gobierno

Mi instinto es que la actual generación está más interesada en
un gobierno inteligente. Si la solución de mercado funciona,
vayamos con la solución de mercado. Si una solución requiere la
intervención del gobierno, hagámoslo. Pero observemos cuáles
son los resultados prácticos.

Meet the Press, 22 de octubre de 2006

Hay una larga historia tendiente a hacer creer que todo lo que
toca el gobierno es de algún modo socialista. No entiendo el
punto de vista. Cuando la gente conduce por el sistema de
autopistas interestatal al que haremos una Reautorización
de autopistas este año, no le decimos: "¿Sabes qué? Esta
es tu autopista, arréglala." Quiero decir, no hacemos una
recaudación de fondos para arreglar los caminos.

Conferencia de prensa en el National Press Club, 26 de abril de 2005

Hay un componente de responsabilidad individual en el éxito
individual, pero la sociedad tiene la responsabilidad de dar a la
gente las herramientas que necesitan para tener éxito.

USA Today, 27 de julio de 2004

Nos están diciendo que estaríamos mejor si desmanteláramos el gobierno. A esto se llama la Sociedad de la propiedad en Washington. Pero en nuestro pasado ha existido otro término para esta cuestión: Darwinismo social, cada hombre o mujer librado a su suerte. Pero sólo hay un problema. No funciona. Ignora el hecho de que ha habido investigación e inversión del gobierno que nos ha permitido a todos prosperar.

Y ha existido la capacidad de las mujeres y los hombres trabajadores de reunirse en sindicatos lo que ha permitido que nuestra marea ascendente eleve todas las embarcaciones.

Discurso en la Convención Nacional de la AFSCME, 7 de agosto de 2006

El gobierno no puede resolver todos nuestros problemas, pero lo que debería hacer es lo que no podemos hacer por nosotros mismos: protegernos del daño y brindar a cada niño una educación decente; mantener limpia el agua y nuestros juguetes seguros; invertir en nuevas escuelas, en nuevos caminos y nueva ciencia y tecnología.

Discurso de aceptación, Convención Nacional Demócrata,
28 de agosto de 2008

Muchos de nuestros argumentos políticos están estructurados como criterios en los que hay que tomar una posición y descartar otras. La noción de que uno tiene una gran burocracia gubernamental, dominio y control, o uno no se mete y deja que el mercado haga cualquier cosa que desee.

Charlie Rose Show, 19 de octubre de 2006

No esperamos que nuestro gobierno resuelva todos nuestros problemas. Sabemos que tenemos que enseñar a nuestros hijos iniciativa y respeto por ellos mismos, y un sentido de familia, fe y comunidad. Pero lo que también sabemos es que el gobierno puede ayudar brindándonos las herramientas básicas que necesitamos para vivir el sueño norteamericano.

Discurso en la noche de elecciones, 2 de noviembre de 2004

SOBRE CUESTIONES RURALES

Nuestras comunidades rurales son la columna vertebral de Illinois. Sin embargo, las fábricas han cerrado, los empleos han desaparecido, y las casas y las granjas han sido ejecutadas. Son necesarios programas federales efectivos para proteger la economía rural.

ObamaForIllinois.com, 2 de mayo de 2004

Sobre Saddam Hussein

Ahora permítanme ser claro: no me hago ilusiones respecto a Saddam Hussein. Es un hombre brutal. Un hombre implacable. Un hombre que asesina a su propio pueblo para asegurar su poder. El mundo, y el pueblo iraquí, estarían mejor sin él. Pero también sé que Saddam no es una amenaza inminente y directa para Estados Unidos, o sus vecinos, y que con la colaboración de la comunidad mundial puede ser contenido hasta que se pierda, como todos los dictadores mezquinos, en el basurero de la historia.

Discurso en una manifestación contra la guerra de Irak en Chicago,
26 de octubre de 2002

Sobre la sociedad secular

Los no religiosos se equivocan cuando piden a los creyentes que dejen su religión en la puerta antes de entrar a la plaza pública. La mayoría de los grandes reformadores de la historia norteamericana no sólo estuvieron motivados por la fe, sino que repetidamente usaron el lenguaje religioso para defender su causa. Así que decir que los hombres y las mujeres no deberían inyectar su moral personal en los debates de política pública es un absurdo práctico.

Discurso de Apertura de la Conferencia Call to Renewal
[Llamado a la Renovación], 28 de junio de 2006

SOBRE EL SENADO

Cuando uno está votando una ley, la mitad de las veces ésta es una mezcolanza (quizás más de la mitad) de diferentes cosas, algunas buenas y otras malas. Y con frecuencia, en particular, cuando uno está en el partido de la minoría, uno vota una legislación en la que no hizo ningún aporte y en la que se realizaron concesiones que uno no desearía hacer.

Talk of the Nation, 2 de noviembre de 2006

El proceso del presupuesto en particular es tan indisciplinado y tan opaco que es muy difícil que algún senador sepa qué está votando cuando se trata de asuntos presupuestarios en algún momento dado. Uno tiene esta enorme ley monstruosa. Y quienes controlan ese proceso son capaces de deslizar, manipular e incluir cualquier cosa que quieran.

New Yorker, 30 de octubre de 2006

Hay un famoso dicho: todos los senadores norteamericanos se levantan por la mañana, se miran al espejo y ven al futuro presidente. Es uno de los defectos congénitos de servir en el Senado de los Estados Unidos.

Larry King Show, 19 de octubre de 2006

Cada vez que entro al recinto del Senado, recuerdo la historia que, para bien y para mal, se ha gestado allí.

Discurso en la ceremonia de graduación, Knox College, 4 de junio de 2005

Cualquiera que conozca el Senado de Estados Unidos sabe que ser el único afronorteamericano en ese cuerpo es una tremenda responsabilidad.

Barackobama.com

El hecho de que soy, merecidamente o no, una celebridad juega más de un papel en que el liderazgo del Senado esté interesado en que yo participe en estos eventos que el hecho de que sea un afronorteamericano. Recibo mucha atención. Esta es una forma de intercambio en política, y creo que la gente ha estado interesada en ver cómo esa celebridad puede ayudar a poner el foco en las cuestiones que ellos están tratando de resaltar.

Chicago Tribune, 26 de octubre de 2005

El Senado es una institución semejante a un club. Tengo el mayor de los respetos por senadores individuales, y creo que hacen un excelente trabajo para su electorado. Pero en realidad no les gusta que la gente se meta en los asuntos del Senado, y parte de lo que necesitamos en este momento es un poco de luz solar que actúe como desinfectante en Washington.

Discurso sobre Lobby y Reforma Ética, 9 de febrero de 2006

Una de las cosas más difíciles de ser senador es que la mayor parte del tiempo uno no puede elegir el casillero que dice: "Ninguna de las anteriores."

Charlie Rose Show, 19 de octubre de 2006

La cantidad de publicidad que he recibido significa que tengo que ser más sensible en algunos sentidos para no pisar a mis colegas.

The Nation, 26 de junio de 2006

Cuando uno piensa en la historia del Senado, lo que impresiona es hasta qué punto esta institución por sí sola ha bloqueado el progreso de los afronorteamericanos durante gran parte de nuestra historia. Es un triste testamento de nuestra institución. Es una mancha en la institución. No percibo ahora que las batallas que están teniendo lugar en el Senado giren en torno a la raza tanto como que giran en torno a la economía.

Chicago Tribune, 26 de junio de 2005

Estoy gratamente sorprendido respecto a lo mucho que he hecho. Siento que tuvimos algunos logros concretos. Estoy sorprendido por la falta de deliberación en el mayor cuerpo deliberativo del mundo. Tenemos comunicados de prensa que pasan durante la noche y declaraciones en el recinto que nadie escucha. Y el hecho de que las cosas se mueven tan lentas. En mi último año en el Senado de Illinois presenté veintiséis proyectos de ley.

Time, 13 de febrero de 2006

Dada la complejidad de los temas involucrados, uno puede pasar seis años aquí muy ocupado y no completar nada.

All Things Considered, 10 de marzo de 2005

Sobre la separación de la Iglesia y el Estado

Los que estamos buscando vigilar esa línea no tenemos que ser absolutistas al respecto. No toda mención a Dios en un lugar público oprime a la gente.

Charlie Rose Show, 19 de octubre de 2006

Estoy preocupado por mantener la línea entre la Iglesia y el Estado. Y creo que en casi todo podemos facilitar el excelente trabajo hecho por instituciones basadas en la fe cuando se trata del tratamiento por abuso de sustancias o el ministerio en las prisiones. Creo que gran parte de este trabajo puede hacerse de modo que no entre en conflicto la Iglesia con el Estado.

Beliefnet.com, enero de 2008

Sobre las pequeñas empresas

En realidad quiero brindar más recortes impositivos a las pequeñas empresas, pues pienso que son las principales generadoras de ingreso.

CNBC Closing Bell, 27 de marzo de 2008

SOBRE DIFUNDIR LA DEMOCRACIA

Estados Unidos debería ser más modesto en su creencia de que puede imponer la democracia en un país a través de la fuerza militar.

St. Louis Post-Dispatch, 20 de noviembre de 2006

SOBRE LA INVESTIGACIÓN DE CÉLULAS MADRE

Esta ley afecta a las enfermedades que atacan a los norteamericanos, sin importar su género, edad, estatus económico, origen étnico, raza o su afiliación política. Se trata de un compromiso con la investigación médica bajo estrictas normas federales. Pido a los líderes en Illinois y al presidente Bush en Washington que dejen de jugar a la política con este tema vital y expandan la actual política de investigación de células madre embriónicas para que comencemos a encontrar hoy las curas del mañana.

Comunicado de prensa sobre la Ley de Investigación de Células Madre, 16 de junio de 2004

Sobre enseñar

Enseñar nos mantiene afilados. Lo relevante respecto a enseñar derecho constitucional es que todas las preguntas difíciles aterrizan en tu vestimenta: aborto, derechos de los homosexuales, acción afirmativa. Y uno debe ser capaz de defender ambos lados. Tengo que defenderlos así como hace Scalia. Creo que eso es bueno para nuestra política.

New Yorker, 31 de mayo de 2004

Sobre el terrorismo

Siempre debemos reservarnos el derecho a atacar unilateralmente a los terroristas en cualquier lugar que existan.

Discurso "Un camino hacia adelante en Irak", 20 de noviembre de 2006

Nuestra batalla contra el terrorismo islámico radical no se alterará de la noche a la mañana; la estabilidad en Medio Oriente debe ser parte de nuestra estrategia para derrotar al terrorismo; el poder militar es una parte fundamental de nuestra seguridad nacional, y nuestra estrategia no puede ser impulsada por las encuestas.

Discurso en el Consejo de Relaciones Exteriores de Chicago,
22 de noviembre de 2005

Tiene sentido para nosotros concentrarnos en los terroristas activos, para intentar atraparlos en los casos en que tenemos evidencia de que algunos países son usados como base de sus operaciones y podrían causarnos potencialmente un daño importante, por eso es que entramos en esas naciones. Estados Unidos tiene que reservar todas las opciones militares para enfrentar una amenaza tan inminente, pero tenemos que hacerlo prudentemente.

Debate en el Senado de Illinois, Illinois Radio Network,
12 de octubre de 2004

Terminemos la lucha contra Bin Laden y Al Qaeda mediante inteligencia efectiva, coordinada, cancelando las redes financieras que apoyan al terrorismo, y con un programa de seguridad interna que involucre más que advertencias con código de color.

Discurso en una manifestación contra la guerra de Irak en Chicago,
26 de octubre de 2002

La primera prioridad de cualquier presidente tiene que ser mantener a salvo al pueblo norteamericano. Y así, parte de nuestro poder tiene que ser desplegado para lidiar con una amenaza terrorista muy real. Sería ingenuo pensar que simplemente a través de la diplomacia vamos a lidiar con lo que es un grupo de fanáticos impulsados ideológicamente.

De modo que tenemos que desplegar nuestro poder militarmente. Pero lo que también debemos reconocer es que mantener Estados Unidos a salvo implica dar a otros países una inversión bajo control. Es importante asegurar que los jóvenes en sus países tengan éxito y prosperen y no sólo que miren tras de un vidrio nuestro éxito.

Reader Digest, septiembre de 2007

SOBRE LOS VETERANOS

Cuando uno mira el *Department of Veterans Affair* [Departamento de Asuntos de los Veteranos], creo que es incoherente que apoyemos a nuestras tropas, alcemos la bandera y exaltemos lo patrióticos que somos al mismo tiempo que recortamos efectivamente el presupuesto a los veteranos.

All Things Considered, 10 de marzo de 2005

Una de las cosas que voy a estar monitoreando muy de cerca es cómo estamos tratando a los más de cien mil veteranos que vuelven a casa, y asegurarme de que el Departamento de Veteranos tiene la capacidad de brindar servicios de transición para quienes están dejando el servicio y reintegrándose a la vida civil, en particular a los hombres de la Guardia Nacional y a los Reservistas que quizás no esperaban combatir en un lugar como Irak. Resulta que si uno toma a un veterano y le brinda buenos servicios al salir, es mucho menos probable que sufra por estrés postraumático y se puedan hacer con él los ajustes de salud necesarios.

"Honrando nuestro compromiso con los veteranos", programa de internet,

18 de mayo de 2006

Sobre los documentos de
identificación para los votantes

¿Por qué no pedir a la gente que tenga una identificación de elector cuando vota? ¿No queremos asegurarnos de que los votantes sean quienes dicen ser? ¿Y no deberíamos asegurarnos de que los que no son ciudadanos no emitan votos para cambiar el resultado de las elecciones? Hay dos cuestiones: número uno, no hay prueba de algún problema significativo de fraude electoral en los cincuenta estados. Ciertamente no hay ninguno que muestre que los no ciudadanos están tratando de votar: esta es una solución en busca de un problema. La segunda cuestión es que históricamente los grupos privados de derechos (las minorías, los pobres, los mayores y los discapacitados) son los más afectados por las leyes de documentos de identificación con fotografía.

Declaración en el recinto sobre pedir un documento de identificación con foto
para votar, 24 de mayo de 2006

SOBRE LA GUERRA

Las consecuencias de la guerra son nefastas, los sacrificios, inconmensurables. Quizás tengamos una ocasión en nuestra vida para levantarnos una vez más en defensa de nuestra libertad, y pagar el precio de la guerra. Pero no debemos, no recorreremos ese horrible camino a ciegas. Tampoco permitiremos que quienes marchen y hagan el último sacrificio, aquellos que demuestren el alcance pleno de su devoción con su sangre, hagan un sacrificio tan terrible en vano.

Discurso en una manifestación contra la guerra en Irak en Chicago,
26 de octubre de 2002

No hay decisión más profunda que tomemos que la de enviar a los jóvenes de esta nación a la guerra, y tenemos la obligación moral no sólo de enviarlos por buenas razones, sino examinar constantemente, sobre la base de la mejor información y juicio disponibles, de qué modo y para qué propósito y por cuánto tiempo los mantendremos en situaciones de riesgo.

Discurso en una manifestación contra la guerra en Irak en Chicago,
26 de octubre de 2002

SOBRE LA GUERRA CONTRA EL TERROR

La guerra contra el terror tiene que librarse con vigor.

Debate en el Senado de Illinois, Illinois Radio Network, 12 de octubre de 2004

¿Por qué convertimos a nuestra economía en rehén de algunas de las naciones más hostiles de la Tierra? ¿Por qué gastaríamos ochocientos millones de dólares por día en países que no tienen en consideración nuestros intereses y financian ambos lados de la guerra del terror?

San Francisco Chronicle, 28 de octubre de 2006

La guerra contra el terrorismo internacional nos ha enfrentado con un nuevo tipo de enemigo que desata el terror en formas nuevas y no convencionales. En casa, luchar contra ese enemigo no nos demandará construir la máquina de guerra masiva que Franklin Roosevelt reclamó muchos años atrás, pero requerirá que utilicemos nuestras propias formas renovables de energía para que el petróleo nunca pueda ser usado como un arma contra Estados Unidos.

Discurso en la Coalición de gobernadores a favor del Etanol,
28 de febrero de 2006

Donde hay más en juego, en la guerra contra el terror, no hay posibilidad de que tengamos éxito sin una cooperación internacional extraordinaria. Las acciones efectivas de la policía internacional requieren que se comparta la inteligencia en el más alto nivel, se planifique y se aplique la ley en colaboración.

Discurso en el Consejo de Relaciones Exteriores de Chicago, 12 de julio de 2004

Nuestros enemigos son plenamente conscientes de que pueden usar el petróleo como arma contra Estados Unidos. Y si no tomamos esta amenaza tan en serio como las bombas que construyen o las armas que compran, estaremos librando la guerra contra el terror con una mano atada en la espalda.

Discurso en la Coalición de gobernadores a favor del Etanol,
28 de febrero de 2006

Hemos fallado completamente en el manejo de lo que puede ser una de las más importantes amenazas potenciales del terrorismo en este país: cómo protegemos nuestras plantas químicas en toda la nación. Estas plantas son armas inmóviles de destrucción masiva diseminadas por todo Estados Unidos. Su seguridad es leve, se puede entrar fácilmente en sus instalaciones y sus contenidos son mortales. Lamentablemente, el contexto químico es uno de los más poderosos en Washington. Han arrastrado los pies en lo que respecta a avanzar en este tema. Comprendo que no existe la compañía que quiera ser regulada; las empresas suelen ser en general alérgicas a cualquier intromisión en sus decisiones comerciales, pero la protección de nuestras plantas químicas es de suma importancia y no podemos darnos el lujo de confiar exclusivamente en medidas voluntarias.

"Mejorar la seguridad de las plantas químicas", programa de internet,
29 de marzo de 2006

Sobre Washington, D.C.

Lo que Washington necesita es supervisión de los adultos.

Carta para recaudar fondos, octubre de 2006

Al estar en Washington, lo que me impresionó fue cuántas personas realmente inteligentes, capaces, nos rodean todo el tiempo ofreciendo grandes ideas para todos los problemas que hay bajo el sol.

New Yorker, 30 de octubre de 2006

Cuando la gente que maneja Washington responde sólo a los intereses individuales que financian sus campañas, por supuesto que gastan los dólares de los contribuyentes con descuido insensato; cargan las cuentas con sus proyectos favoritos y nos llevan al déficit con la esperanza de que nadie lo note.

Discurso en el Consejo de Relaciones Exteriores de Chicago,
22 de noviembre de 2005

Tenemos que dar al D.C. la oportunidad de elegir a sus propios representantes para tener poder político en Capitol Hill. Quiero tratar el asunto de las personas en situación de calle aquí en Washington D.C. Creo que es una farsa que tengamos hombres y cada vez más mujeres, familias, en esas circunstancias cruzando la calle y a la sombra de este gran Capitolio. Eso muestra la falta de preocupación, no sólo por el Capitolio, sino por Estados Unidos, cuando se permite que pase algo así. Y como presidente de Estados Unidos me sentiría ofendido al pasar por allí.

Politico.com, 11 de febrero de 2008

Una de las cosas maravillosas acerca de venir a Washington es darse cuenta de que todo lo que uno hace se percibe como cálculo. De modo que no puedo en realidad pasar mucho tiempo preocupándome por cómo se interpretan mis palabras. Lo único que puedo hacer es que esas palabras sean lo más auténticas posibles.

Morning Edition, 14 de julio de 2006.

No soy parte del mundo social de Washington.

National Journal, 18 de marzo de 2006

Sobre escribir libros

Dreams from my Father [Sueños de mi padre] fue más difícil de
escribir que *The Audacity of Hope* [La audacia de la esperanza].
En ese momento ni siquiera estaba seguro de escribir un
libro. Y escribir el primero fue realmente un proceso de
autodescubrimiento, pues tocaba a mi familia y a mi infancia de
un modo mucho más íntimo. Por otra parte, escribir *Audacity*
fue semejante al trabajo que hago todos los días: tratar de dar
forma a todos los temas que enfrentamos como país, y poner mi
sello personal en ellos.

Amazon 20-Second Interview, octubre de 2006

El primer libro fue mucho más introspectivo. Estaba indagando
de algún modo en mi pasado. Fue más de autodescubrimiento,
escrito por un hombre joven. Este libro tiene más reflexión
sobre el país y adónde tenemos que ir.

Knight Ridder Tribune, 20 de octubre de 2006

Habitualmente escribo el primer borrador a mano. Luego
lo paso en la computadora, y allí es donde hago la edición.
Encuentro que si lo escribo en la computadora, voy demasiado
rápido. Así que me gusta hacer ese primer borrador y luego
pasarlo; uno es menos vergonzoso respecto a él.

Chicago Tribune, 26 de octubre de 2006

Supongo que alquien diría que yo no era un político cuando escribí *Dreams from my Father* [Sueños de mi padre]. Quería mostrar cómo y por qué algunos muchachos, en especial quizás los jóvenes negros, coquetean con el peligro y la autodestrucción.

The New Yorker, 31 de mayo de 2004

Cuando me senté a escribir [*Audacity*], mi intención no era escribir un manifiesto político, un plan de diez puntos por donde tenía que ir el país. El objetivo muy específico de este libro fue decir que hay un conjunto de valores en común y de ideales en común que sostenemos como norteamericanos, y que deben ser indagados, que tenemos que afirmar a los republicanos, demócratas, independientes, a quienes todos pueden adherir.

Charlie Rose Show, 19 de octubre de 2006

Aunque no había escrito un libro, tenía la sensación de cómo se sentía escribir algo que sonara cierto. Cuando uno comienza a escribir, es capaz de discernir dónde está siendo falso, dónde está usando clichés, dónde está fabricando una emoción que en realidad no está allí, o dónde está uno rehuyendo de algo que no es necesariamente halagador.

Men's Vogue, otoño de 2006

The Audacity of Hope [La audacia de la esperanza] no es un libro de campaña. Soy yo tratando de describir el momento en que nos vemos inmersos. Como en mi capítulo sobre la política exterior... sí, hablo de Irak, pero no estoy esbozando los diez pasos que necesitamos para salir de Irak. Paso más tiempo hablando de cómo, históricamente, llegamos a este lugar.

New York Magazine, 2 de octubre de 2006

Cuando escribo, trato de ser lo más honesto que puedo. Esto es más difícil cuando se está en la vida política, porque creo que hay un fuerte impulso para tratar de controlar la imagen lo más posible. Descubrí que la mejor forma de abordar "la construcción de la imagen" es ser yo mismo y dejar que todo el mundo sepa lo que pienso. Y de ese modo, no termino tropezando por decir una cosa y hacer otra.

All Things Considered, 19 de octubre de 2006

Me sentiría muy incómodo poniendo mi nombre en algo que ha escrito otro, o que he coescrito o dictado. Si mi nombre está ahí, me pertenece.

Chicago Tribune, 31 de marzo de 2006

ÍNDICE